Essentiel et plus... 4

méthode de français

livre de l'élève

CLE
INTERNATIONAL

Essentiel et plus... 4 — Contenus

COMPÉTENCES DE BASE - STRATÉGIES : MODULE 0 : stratégies de compréhension et expression orales ; développement de l'esprit logique – MODULE 1 : développement de l'esprit critique ; « Pour mieux comprendre à l'oral » ; Diversité – MODULE 2 : développement du sens de l'observation ; Diversité – MODULE 3 : TIC : recherche d'information ; Diversité – MODULE 4 : développement de l'esprit critique ;

COMPÉTENCES DE BASE - DIMENSION SOCIALE ET CULTURELLE : MODULE 1 : personnages célèbres (peinture, littérature, sciences), comportements en classe, organisation d'un voyage, réclamations dans un aéroport, origine des noms de famille – MODULE 2 : formules de politesse, us et coutumes du Mexique vus par une Française, vie familiale, les puces de Montreuil à Paris, peinture du XXe siècle, tour du monde en famille, acceptation des différences culturelles – MODULE 3 : coutumes de différents pays, organisation d'une fête, acceptation des

LEXIQUE L1-L2-L3	PHONÉTIQUE L1-L2-L3	LECTURE / TÂCHE L4	ÉVALUATION L5
Professions, nationalités Caractères et comportements Adverbes de manière, de temps, de quantité… Matériel de voyage	Voyelles nasales	Doc Lecture : « L'origine des noms de famille » (information) @ Projet : « Notre groupe : page d'accueil » (élaborer une affiche qui présente le groupe-classe)	Test d'expression orale : « Êtes-vous capable de… ? » Test de compréhension orale : « Pubs »
La gare Famille, état civil Formules de politesse Achats (marché aux puces)	Les consonnes doubles et triples	Doc Lecture : « Tour du monde en famille » (article de revue) @ Projet : « Voyages de rêve… » (préparer un voyage imaginaire avec des ami(e)s et le présenter comme si on l'avait réalisé)	Test d'expression orale : « Êtes-vous capable de… ? » Test de compréhension orale : « Comment ça marche ? »
Fêtes : activités, organisation Règlements Écologie, nature	Le singulier et le pluriel des verbes au présent	Doc Lecture : « L'école en Europe » (article informatif) Projet : « Chercheurs sur Internet » (faire des recherches sur Internet et présenter les résultats)	Test d'expression orale : « Êtes-vous capable de… ? » Test de compréhension orale : « Conseils »
Émissions de télévision Le temps, la météo Sports		Doc Lecture : « Un siècle d'effets spéciaux » (article d'une revue de divulgation scientifique) Projet : « Journal télévisé » (élaborer et présenter un journal télévisé)	Test d'expression orale : « Êtes-vous capable de… ? » Test de compréhension orale : « On parle de cinéma »
La ville (équipement) Métaphores Métiers	Comment parle-t-on au quotidien ?	Doc Lecture : « L'intelligence multiple » (article d'une revue de divulgation scientifique) Projet : « Jeu de rôle : Deux minutes pour convaincre » (entretien pour une demande d'emploi)	Test d'expression orale : « Êtes-vous capable de… ? » Test de compréhension orale : « Interview »
Expressions pour commenter un sondage Peintres et tableaux		Doc Lecture : « Voyager utile » Projet : « Photo-collage : Mon paysage » (récit oral et écrit à partir d'un photo-collage)	Test d'expression orale : « Êtes-vous capable de… ? » Test de compréhension orale : « Le pari »

Pour mieux faire des interviews » ; Diversité – MODULE 5 : « Pour mieux communiquer à l'oral » ; logique et esprit de déduction ; Diversité – MODULE 6 : développement du sens de l'observation ; « Pour mieux faire un résumé » ; Diversité

Différences culturelles, auberges de jeunesse, acceptation de règles, gestes écologiques, respect de la nature, l'école en Europe, recherches sur Internet, l'Union Européenne – MODULE 4 : télévision et regard critique, bulletins météorologiques, catastrophes climatiques, vie des sportifs, cinéma – MODULE 5 : l'environnement, logique et résolution de tests, métiers (avantages et inconvénients), la théorie des huit intelligences, recherche d'emploi – MODULE 6 : comportement face à une situation embarrassante, littérature, peinture, séjours linguistiques.

Module 0

- Réactiver son français
- Raconter ses expériences
- Parler de ses projets

Identifiez les paramètres de la situation.

Retrouvailles

Jetez-vous à l'eau !

Face à Face

1 **Parlez de vos vacances à votre voisin(e), puis changez d'interlocuteur / trice.** Essayez de parler tout le temps en français. S'il y a des mots qui vous manquent, faites des gestes…

Écoutez attentivement !

2 **Faites le point et répondez collectivement au questionnaire ci-dessous.**

Questionnaire Spécial Vacances

1. **Qui a travaillé pendant les vacances ?**
2. **Qui s'est beaucoup ennuyé ?**
3. **Qui a beaucoup dormi ?**
4. **Qui n'est pas parti ?**
5. **Qui n'est pas allé à la plage ?**
6. **Qui a lu un bon livre ?**
7. **Qui est allé à l'étranger ?**
8. **Qui a parlé une langue étrangère ?**
9. **Qui a connu quelqu'un de très intéressant ?**
10. **Qui a pratiqué un sport dangereux ?**
11. **Qui est allé à un concert ?**
12. **Qui a fait plus de 500 km ?**

3 **Écoutez ces trois mini-conversations.** Qui parle ? où ? quand ? pourquoi ? Imaginez une fin pour chacune.

Vive l'imagination !

4 **Décrivez ces photos.** Pouvez-vous les associer aux mini-conversations entendues ?

Soyez créatifs. Mettez en rapport !

Pour vous aider

DÉCRIRE OBJECTIVEMENT UNE PHOTO
Au premier plan, on voit…
Au fond / En haut / En bas, on trouve…
À gauche / À droite, il y a…
Il s'agit de…

COMMENTER DES PHOTOS
Cela / Ça me rappelle…
Cela / Ça me fait penser à…
J'ai choisi cette photo parce que…

Photo-langage

5 **Choisissez une des photos ci-dessus pour parler de vos projets de cette année.**
Justifiez votre choix.

Décrivez ! Précisez !

Vous avez l'esprit logique ?

Voici un bon moyen de le vérifier ! Répondez à ces questions.
Attention à ne pas aller trop vite !

1. La maman de Toto a 3 fils. Tic, Tac et … ?

2. Combien de dates de naissance a cumulées un homme de 61 ans ?

3. Vous participez à une course cycliste. Juste avant l'arrivée, vous doublez le second. En quelle position arrivez-vous ?

4. Combien d'animaux mangent avec leur queue ?

5. Pourquoi un homme qui vit au Canada ne peut-il pas être enterré aux États-Unis ?

6. Comment appelle-t-on un ascenseur au Japon ?

7. Les garçons français en ont deux. Les garçons étrangers en ont seulement une. Les filles n'en ont pas ! Qu'est-ce que c'est ?

8. Certains mois ont 30 jours, d'autres 31, combien en ont 28 ?

9. Qu'est-ce qui pèse le plus lourd ? un kilo de plumes ou un kilo de plomb ?

10. Combien d'animaux de chaque sexe Moïse emmena-t-il sur l'Arche ?

Module 1

- Vous décrivez et vous identifiez quelques personnages célèbres.
- Vous décrivez le comportement de quelqu'un.
- Vous signalez la perte d'un objet et vous le décrivez de façon approximative.
- Vous découvrez l'origine des noms de famille.
- Vous présentez votre groupe de classe sous forme d'affiche ou de blog.
- Vous révisez quelques sons.
- Vous vous entraînez à écrire.

VOUS UTILISEZ...

- Les présentatifs : *C'est…* et *Il / Elle est…*
- Les adverbes de manière, de temps, de quantité, de lieu…
- Les adjectifs de couleur et ceux qui indiquent la forme.
- Les expressions qui servent à indiquer la matière et les caractéristiques d'un objet.
- Les expressions qui servent à donner des informations approximatives : *à peu près, environ, plus ou moins, une sorte de…*

Galerie de personnages célèbres

1 Écoutez : qui parle ? à qui ? de qui ? pourquoi ?

Diversité

2 Écoutez et notez les informations les plus importantes sur ce personnage.

Il était autrichien.

Il est né à Salzbourg en 1756.

Il est mort en 1791.

Il était un peu extravagant.

C'est un musicien exceptionnel du XVIIIe siècle.

C'est mon musicien préféré.

C'est lui qui a écrit « La Flûte enchantée ».

Qui est-ce ?

C'est Mozart.

Nom : de Lorraine
Prénom : Marie-Antoinette Joseph Jeanne
Née à Vienne (Autriche) (1755-1793)
Nationalité : française (origine autrichienne)

Archiduchesse d'Autriche et reine de France. Elle s'est mariée à l'âge de 15 ans avec le dauphin de France, futur Louis XVI. Elle exerce une grande influence sur le roi, influence qui, en 1789, rend impossible une conciliation entre la monarchie et la Révolution.
Accusée par le Tribunal révolutionnaire de complot avec l'étranger, elle est guillotinée.

3 **Jeu de lecture : le scanner.** Survolez les textes et cherchez ces informations.

QUI...
1) est né en France ?
2) est mort en 1324 ?
3) a reçu les prix Nobel de physique et de chimie ?
4) était reine ?
5) était écrivain ?
6) était d'origine autrichienne ?
7) a été un(e) grand(e) voyageur (euse) ?
8) a vécu au XXe siècle ?
9) était scientifique ?
10) a vécu le plus longtemps ?

Observez et analysez

C'EST... ou IL / ELLE EST... ?

C'est	+ un(e) + le / la + mon / ma + nom propre	+ nom + profession + nationalité	Il / Elle est	+ adjectif + profession + nationalité

Nom : Christie
Prénom : Agatha
Née à Torquay (Royaume-Uni)
(1890-1976)
Nationalité : anglaise

C'est la reine du roman policier. Elle en a écrit plus de 80, qui ont été traduits dans toutes les langues. Ses personnages les plus connus sont miss Marple et Hercule Poirot. Des millions de lecteurs ont pris plaisir à suivre ses intrigues.

Nom : Curie (Skłodowska)
Prénom : Marie
Née à Varsovie (Pologne) (1867-1934)
Nationalité : française (origine polonaise)

Avec son mari, Pierre Curie, ils font d'importantes recherches sur la radioactivité. Prix Nobel de physique et de chimie, c'est la première femme à être nommée professeur titulaire à la Sorbonne.

Nom : Polo
Prénom : Marco
Né à Venise (Italie) (1254-1324)
Nationalité : italienne

C'est un grand voyageur et un grand commerçant qui a fait connaître à l'Europe l'organisation politique et sociale, l'artisanat et les richesses de la Chine. Il a écrit en prison *Le Livre des Merveilles du monde*.

Nom : Pasteur
Prénom : Louis
Né à Dole (France) (1822-1895)
Nationalité : française

Savant, biologiste, homme de science il fait de nombreuses recherches en chimie et en microbiologie. Il découvre le vaccin contre la rage et un système de conservation des aliments appelé la pasteurisation.

4 Le personnage mystérieux.
1) Écoutez ces indices et devinez de qui il s'agit.
2) À vous ! Inventez d'autres devinettes sur des personnages de votre choix.

5 Écoutez et imaginez : lequel de ces personnages parle ? Justifiez vos réponses.

6 À vous ! Enrichissez cette galerie de personnages célèbres. Choisissez un personnage et préparez une fiche de présentation.

Pour vous aider

S'INFORMER SUR L'IDENTITÉ DE QUELQU'UN (RÉVISION)

- Qui est-ce ? Quel est son nom ? et son prénom ?
- Quelle est sa date de naissance ?
- Où est-ce qu'il / elle est né(e) ? Dans quelle ville ?
- Quelle est sa nationalité ?
- Quelle est sa profession ?
- Où est-ce qu'il / elle habite ? Dans quel pays ?
- Où et quand est-ce qu'il / elle est mort(e) ?
- Quels sont ses traits de caractère ?
- Pourquoi est-ce qu'il / elle est célèbre ?
- Qu'est-ce qu'il / elle a fait d'important ?

Qui est qui ?

1 **Observez l'illustration et lisez les descriptions ci-contre.** À quel personnage correspond chacune d'elles ?

2 **Écoutez, relisez et comparez vos réponses avec votre voisin(e).**

3 **Relevez dans les textes de la page 11 toutes les expressions qui indiquent la place de ces élèves dans la classe.**
Et vous, où aimez-vous vous asseoir ? pourquoi ?

4 **Un(e) élève lit à haute voix l'une des descriptions, l'autre mime pour montrer qu'il / elle a compris.**

> Attention ! Une étiquette qu'on colle sur votre dos, c'est parfois lourd à porter.

5 **D'après vous, est-ce que tous les comportements possibles sont représentés ?** Lesquels ne le sont pas ? Dans quelle(s) situation(s) se manifestent-ils ?

➜ LA REBELLE

Les injustices la révoltent. Elle est toujours prête à lancer un débat. Elle s'assoit au fond de la classe pour contrôler la situation. Elle parle la tête haute, les épaules en arrière, le regard limpide. Elle est sincère et pas très diplomate. Sa phrase : « C'est pas juste ! »

➜ LE BÛCHEUR

Il est toujours assis au premier rang. Il sort ses cahiers et sa trousse avant que le professeur arrive. Inutile de lui faire des petits commentaires pendant le cours, il est trop occupé à lever le doigt.

➜ LA « TÊTE D'ANGE »

Il est très gentil, même trop gentil quand le professeur est là. Il fait les yeux doux, il ne bouge pas. Mais quand il n'y a pas de surveillance, sa personnalité change complètement. Il fait beaucoup de bêtises, raconte des blagues et se conduit comme un vrai diable.

➜ LA RÊVEUSE

Accoudée sur sa table, elle tournicote tout le temps sa mèche de cheveux et regarde rêveusement par la fenêtre. Elle descend de son nuage seulement quand le prof l'interroge.

➜ LA « REINE DES COULOIRS »

Elle adore se faire belle. Elle trouve mille excuses pour sortir (aller chercher des craies, accompagner quelqu'un à l'infirmerie...). Ses multiples relations la retiennent souvent dehors. Elle salue, elle raconte, elle écoute... Sa phrase : « Tu connais la dernière ? »

➜ LE TURBULENT

Il bouge sans arrêt, parle, rit.
Il tape du pied, il mâche du chewing-gum, il jette des boulettes de papier, il regarde en arrière, à gauche, à droite... Le professeur l'oblige à s'asseoir au premier rang. Parfois il écoute, mais seulement quand il est passionné par le sujet.

➜ LE FLEMMARD

Il est très paresseux. Il s'assoit au dernier rang, les jambes bien allongées, les mains dans les poches, à moitié couché sur sa chaise. S'il ouvre la bouche, c'est pour demander une feuille de papier ou un crayon. D'habitude, il n'ouvre même pas son sac.
Sa phrase : « C'est pas grave ! »

➜ LES « SIAMOISES »

Elles s'assoient tellement près l'une de l'autre qu'elles partagent tout, le livre, les crayons, la gomme et même la feuille sur laquelle elles écrivent. Elles ne se séparent jamais. Elles bavardent sans arrêt, se passent des petits billets mystérieux. Elles vivent dans leur bulle, tout à fait isolées du reste du monde.

Observez et analysez

LES ADVERBES (RÉVISION)

Manière : mal, vite, ensemble, lentement...
Temps : tôt, tard, avant, après, parfois...
Quantité : (un) peu, assez, complètement, tellement...
Lieu : dehors, derrière, partout, loin...
Certitude / Doute : bien sûr, peut-être, sûrement...
Négation : ne ... pas, ne ... plus, nulle part...

A Complétez les listes ci-dessus à l'aide des adverbes du texte.

B Les adverbes modifient un adjectif, un verbe, un autre adverbe ou toute la phrase.
Cherchez des exemples dans les descriptions ci-contre.

C **Devinez qui je suis.** Écrivez sur un petit papier quatre phrases qui décrivent votre personnalité. Pliez ce papier, tirez au sort. La classe devine de qui il s'agit. Utilisez ces machines à phrases.

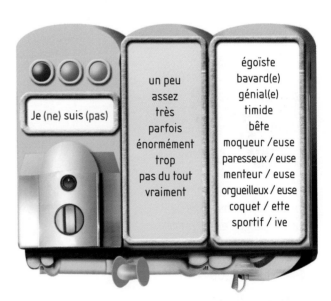

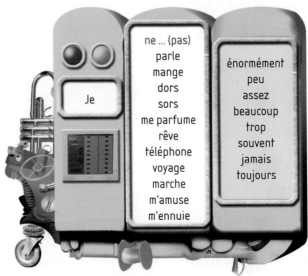

- Décrire un objet
- Signaler la perte d'un objet
- Donner des informations approximatives

Voyage, voyage...

1 **Écoutez et chantez.**

Je m'en vais au Canada
Je n'sais pas
S'il fait chaud, s'il fait froid

Alors, dans mon

J'ai mis tout ce qu'il faut :

Un gros 👕 en laine

Une 👗 indienne

Trois 👕 en coton

Des 👠 à talons

Une 🧣 à carreaux

Une 🧥 vert fluo

Ma plus belle 🧢

Quatre paires de 🧦

Une petite 👕 en soie

Et une 🖼️ de toi...

Je m'en vais à Miami
Tout seul et sans amis
Pour ne pas m'ennuyer
J'ai pris ce qu'il fallait :

L' 📷 numérique

Des 🛼 fantastiques

Ma belle 🏄 à voile

Mon vieux 🚲 bleu pâle

Mes 🃏 préférés

Mes vingt meilleurs 📚

Des 🎮 d'ordinateur

Un 👖 à fleurs

Mon 👜 à pois

Et une 🖼️ de toi

2 **Destination inconnue !** Vous décidez de partir en voyage. Faites la liste de ce que vous emportez et lisez-la au reste de la classe. Ils doivent deviner votre destination.

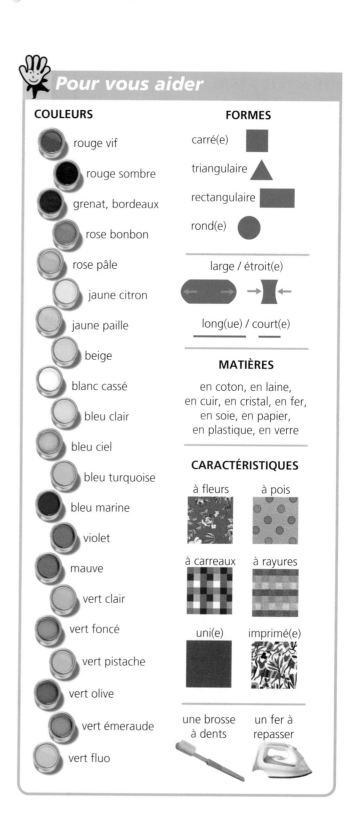

Pour vous aider

COULEURS

- rouge vif
- rouge sombre
- grenat, bordeaux
- rose bonbon
- rose pâle
- jaune citron
- jaune paille
- beige
- blanc cassé
- bleu clair
- bleu ciel
- bleu turquoise
- bleu marine
- violet
- mauve
- vert clair
- vert foncé
- vert pistache
- vert olive
- vert émeraude
- vert fluo

FORMES

- carré(e)
- triangulaire
- rectangulaire
- rond(e)

large / étroit(e)

long(ue) / court(e)

MATIÈRES

en coton, en laine, en cuir, en cristal, en fer, en soie, en papier, en plastique, en verre

CARACTÉRISTIQUES

à fleurs à pois

à carreaux à rayures

uni(e) imprimé(e)

une brosse à dents un fer à repasser

À l'aéroport

3 Écoutez ce dialogue à l'aéroport de Pau. Que se passe-t-il ?

4 Quelles sont les caractéristiques de la valise perdue ?

5 Jeu : l'objet mystérieux. Pensez à un objet. Décrivez sa forme, sa couleur, ses autres caractéristiques… Le reste de la classe devine.

6 Vous avez perdu un objet dans le bus, dans le métro, dans le train… Vous le signalez au bureau des objets trouvés. Jouez la scène.

- Bonjour madame. Je voudrais signaler la perte de ma valise !
- Ne vous inquiétez pas, madame, généralement on retrouve les bagages perdus dans les 48 heures !
- Oui, mais moi, j'en ai besoin maintenant ! Il y a mon agenda à l'intérieur !
- Calmez-vous, madame, nous allons faire notre possible. D'abord, regardez bien ce dessin. Pouvez-vous reconnaître la forme de votre valise ?
- Elle est peut-être comme celle-ci… mais je ne suis pas sûre.
- Bon, je vais vous aider… On va essayer de remplir ce formulaire. Voyons… Combien mesure votre valise ?
- Ffffff… Je ne sais pas, moi… Elle est plutôt grande… un mètre à peu près…
[…]

POUR MIEUX COMPRENDRE À L'ORAL
Interpréter l'environnement sonore (bruits, voix, intonations…) permet de déduire plus facilement le sens d'un message oral.

Pour vous aider

DONNER DES INFORMATIONS APPROXIMATIVES

Elle pèse à peu près 10 kilos.
Elle mesure environ 1 mètre.
Elle est plus ou moins carrée.
Elle est plutôt grande.

C'est une espèce de jouet.
Ça ressemble à une boîte.
On dirait un livre.

Pour bien prononcer

LES VOYELLES NASALES

Un grand blond vend du pain.
[œ̃ grɑ̃ blɔ̃ vɑ̃ dy pɛ̃]

Écoutez et répétez les phrases suivantes, puis écrivez-les.

Exemple : Demain, je prendrai un bon bain.
[dəmɛ̃ ʒə prɑ̃dre œ̃ bɔ̃ bɛ̃]

Doc Lecture L'origine des noms de famille

Jusqu'au XIᵉ siècle, les personnes ne portent qu'un nom de baptême. Au XIIᵉ siècle, à cause de l'explosion démographique, beaucoup de gens portent le même nom. D'où l'idée d'adjoindre un surnom distinctif : Richard Lepetit, si l'individu est de petite taille, Richard Bonnemaison, s'il habite une belle maison... Peu à peu ce surnom est transmis aux enfants. C'est la naissance du nom de famille.

Les noms de famille viennent :

- D'anciens prénoms de baptême : Nicolas, André, Alain...
- De l'évolution d'un nom au cours des siècles : Laurancin, Laurencin...
- De professions : Meunier, Maréchal, Boulanger...
- De surnoms liés à l'apparence physique : Roux, Petit, Leborgne...
- De surnoms liés aux traits de caractère : Lesage, Lebon, Gentil...
- De lieux : Dupont, Dupré, Breton...
- De plantes, d'animaux : Duchêne, Lebœuf, Lechat...
- Du rang social : Lemaire, Roy, Leduc...
- Du nom de filiation (fils de...) : Martinez (chez les Espagnols), Mac Donald (chez les Irlandais), Ben Hammoun (chez les Juifs ou les Arabes).

BONJOUR, MONSIEUR DUPONT !

1 Est-ce qu'on peut classer de la même façon les noms de famille usuels de votre pays ?

Les noms qui pèsent lourd

Le nom de famille est un héritage qui peut se révéler lourd à porter. Certaines personnes portent avec dignité, et un grand sens de l'humour, des noms tels que Boudin, Le Pourry ou Lavache...

2 Connaissez-vous dans votre langue des noms de famille lourds à porter ?

Transmission du nom de famille en France

Jusqu'en 2004, l'enfant portait obligatoirement le nom du père et le nom de la mère disparaissait. Actuellement, les enfants peuvent porter le nom du père ou de la mère, ou une combinaison du nom des deux parents.

Extraits tirés du site www.guide-genealogie.com © CDIP

3 Et dans votre pays, comment se transmettent les noms de famille ?

Recherchez les noms de famille les plus fréquents dans certaines régions, des noms de famille lourds à porter...

Pour un usage responsable d'Internet, visitez www.internetsanscrainte.fr

Pour faire le p●int

COMMUNICATION

Décrire et identifier quelqu'un

Il est français. Il est scientifique.
C'est l'inventeur de la pasteurisation.
C'est Louis Pasteur.

> **OUTILS** ●
>
> **C'est... ou Il / Elle est... ?**
>
> C'est ⎡ + un(e)   ⎤ ⎡ + nom
>   ⎢ + le / la   ⎥ ⎢ + profession
>   ⎢ + mon / ma   ⎥ ⎢ + nationalité
>   ⎣ + nom propre ⎦ ⎣
>
> Il / Elle est ⎡ + adjectif
>   ⎢ + profession
>   ⎣ + nationalité

S'informer sur l'identité de quelqu'un (révision)

Qui est-ce ? Quel est son nom ? et son prénom ?
Quelle est sa date de naissance ?
Où est-ce qu'il / elle est né(e) ? Dans quelle ville ?
Quelle est sa nationalité ?
Quelle est sa profession ?
Où est-ce qu'il / elle habite ? Dans quel pays ?
Où est-ce qu'il / elle est mort(e) ?
Quels sont ses traits de caractère ?
Pourquoi est-ce qu'il / elle est célèbre ?
Qu'est-ce qu'il / elle a fait d'important ?

Décrire l'attitude et le comportement de quelqu'un

Il est très timide et il ne sort jamais.

> **OUTILS** ●
>
> **Les adverbes (révision)**
> Manière : mal, vite, ensemble, lentement…
> Temps : tôt, tard, avant, après, parfois, jamais…
> Quantité : (un) peu, assez, beaucoup…
> Lieu : dehors, derrière, partout, loin…
> Certitude / Doute : bien sûr, peut-être, sûrement…
> Négation : ne … pas, ne … plus, nulle part…

Signaler la perte d'un objet

Bonjour monsieur. Je voudrais signaler la perte de ma valise.

Décrire un objet

C'est une valise en plastique, rectangulaire et rouge.

> **OUTILS** ●
>
> **la couleur :** rouge vif, rouge sombre, grenat…
> **la forme :** carré(e), rond(e), rectangulaire, triangulaire
> **la matière :** en carton, en laine, en cuir, en cristal, en fer, en soie, en papier, en plastique, en verre
> **les caractéristiques :** à fleurs, à pois, à carreaux, à rayures, uni(e), imprimé(e)

Donner des informations approximatives

Elle pèse à peu près 10 kilos.
Elle mesure environ 1 mètre.
Elle est plus ou moins carrée.
Elle est plutôt grande.

C'est une espèce de jouet.
Ça ressemble à une boîte.
On dirait un livre.

PHONÉTIQUE

Les voyelles nasales : [ɑ̃] de grand, [ɔ̃] de bon, [œ̃] de un, [ɛ̃] de pain

CIVILISATION

L'origine des noms de famille.

TÂCHE GLOBALE

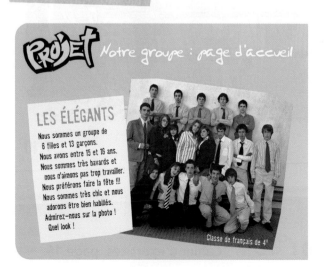

Test d'expression orale : Êtes-vous capable de... ?

▪ Vous informer sur l'identité de quelqu'un

1 Oral en tandem. Pensez à quelqu'un que vous aimez bien et répondez aux cinq questions que votre camarade vous pose sur son identité. Ensuite, vous échangez vos rôles.

/ 10

▪ Différencier l'usage de *c'est...* et de *il / elle est...*

2 Expliquez dans quel cas on utilise *c'est...* et dans quel cas on utilise *il / elle est...*

/ 5

▪ Décrire quelqu'un

3 Choisissez deux de ces personnages et décrivez-les.

/ 10

▪ Décrire un objet

4 Vous avez oublié votre sac de gym dans la cour du lycée. Vous essayez de le récupérer. Expliquez comment il est. Donnez des informations approximatives quand vous ne connaissez pas les caractéristiques précises (*à peu près, plus ou moins, plutôt, on dirait...*).

/ 10

▪ Décrire l'attitude de quelqu'un

5 Décrivez un des « spécimens » de votre classe.

1) Que fait-il / elle d'habitude ?
2) Quel est son endroit préféré dans la classe ?
3) A-t-il / elle une façon spéciale de s'asseoir ou de bouger ?
4) Comment s'habille-t-il / elle normalement ?

/ 10

SCORE : / 45

Test de compréhension orale :

🔘 *Pubs* **Cahier d'exercices, page 16.**

Module 2

DANS CE MODULE...

- Vous donnez des ordres.
- Vous racontez un événement au passé.
- Vous exprimez la cause.
- Vous achetez des objets d'occasion aux puces de Montreuil.
- Vous parlez de vos réactions devant un tableau.
- Vous découvrez deux familles de globe-trotters.
- Vous imaginez un voyage de rêve.
- Vous révisez quelques sons.
- Vous vous entraînez à écrire.

CECI N'EST PAS UNE PIPE

VOUS UTILISEZ...

- L'impératif avec des pronoms.
- Les expressions de politesse.
- Les expressions de cause : *parce que, comme, puisque, à cause de...*
- Les pronoms démonstratifs : *celui-ci, celle-là, ceux de, celles qui / que, ceci, cela...*
- Les pronoms interrogatifs : *lequel, laquelle, lesquels, lesquelles.*

Module 2 — Leçon 1

- Donner des ordres
- Intervenir poliment dans une conversation

À la gare

1 Observez et écoutez : qui parle ? où ?

Dans le train

- Stanislas, assieds-toi ! Tu ne vois pas que tu bloques le passage ?
- Laissez-le, c'est pas grave…
- Arrête de donner des coups de pieds, tu vas faire mal à cette jeune fille…
- Ça ne fait rien ! Ne le grondez pas !
- Attention à ton jus de fruits ! Ne le renverse pas sur le pantalon de monsieur ! Ahhh !
- Ça n'a pas d'importance…
- Écoute-moi, Stanislas, tu vois bien que le monsieur travaille. Ne mets pas tes mains sales sur son ordinateur !
- Ah non, madame ! Là, c'est trop ! Ça suffit !
- Mais enfin, monsieur, calmez-vous ! Il faut avoir un peu de patience, avec les petits !

2 Écoutez ce dialogue entendu dans le train.
Qui parle à qui ? Qu'est-ce que la dame dit de faire ? Et de ne pas faire ?

3 Lisez le dialogue à haute voix en imitant les intonations. Jouez la scène.

4 Jeu d'observation : vrai ou faux ?
Observez attentivement l'illustration. Ensuite, la moitié de la classe ferme le livre et essaie de deviner si les affirmations de l'autre groupe sont vraies ou fausses.

Exemple : ● *Les toilettes sont à côté de la cafétéria.*
■ *Faux !*
● *Les composteurs sont rouges.*
■ *Vrai !*

haut-parleurs

passage souterrain

compositeur

quai

voiture

contrôleur

6 Vive la politesse ! Écoutez et chantez.

Bon voyage !
Bon séjour !
À la prochaine !
À un de ces jours !
Merci beaucoup.
Je vous remercie,
Il n'y a pas de quoi.
Je vous en prie.

Pardon monsieur.
Excusez-moi
De vous déranger.
Cette place est libre ?
C'est occupé ?
Mais non madame,
Asseyez-vous.
Merci mon p'tit,
C'est très gentil.

Faites attention
Avec vos pieds !
Je suis désolé.
Je n'ai vraiment
Pas fait exprès.
Ce n'est pas grave.
Ça ne fait rien.
Un petit sourire,
Ça fait du bien.
[…]

Refrain :

Un jus de fruits, un petit biscuit ?
Oui, volontiers, avec plaisir !

Écoutez, observez, analysez

L'IMPÉRATIF AVEC DES PRONOMS (RÉVISION)

Répondez-moi !	**Ne** me répondez **pas** !
Laisse-le !	**Ne** le laisse **pas** !
Lève-toi !	**Ne** te lève **pas** !
Asseyez-vous !	**Ne** vous asseyez **pas** !
Écris-lui !	**Ne** lui écris **pas** !

A Observez les pronoms. Quels changements se produisent à la forme négative ? Trouvez d'autres exemples.

B Écoutez et répondez à la forme négative.

7 Citez trois manières de...
a) remercier b) répondre à un remerciement c) dire au revoir

5 Oral en tandem. Vous vous êtes cassé une jambe et vous avez besoin d'aide. Attention ! Vous êtes vraiment exigeant(e)…

Exemple : Apporte-moi une chaise, s'il te plaît. Ne la mets pas trop loin…

Pour bien prononcer

LES CONSONNES DOUBLES ET TRIPLES
<u>st</u>op, <u>str</u>ict, <u>spl</u>endeur, <u>scr</u>utin, <u>sp</u>écimen, <u>squ</u>elette

Écoutez et répétez, puis écrivez et lisez.
C'est stupéfiant ! Le train spécial pour Strasbourg est stoppé !

Module 2 Leçon 2

- Raconter un événement passé (révision)
- Exprimer la cause
- Situer dans le temps différents événements

Un mariage au Mexique

La Paz, le 16 novembre

Chère Danièle,

Je t'écris cette lettre du Mexique, puisque je n'ai pas pu te contacter avant mon départ ! Je suis ici avec toute ma famille parce que ma sœur Laurence a eu l'heureuse idée de se marier avec Luis, un beau Mexicain de 25 ans !!!

Ils se connaissent depuis deux ans. Laurence est venue faire des études d'océanographie à La Paz, dans le sud de la Basse-Californie. Luis faisait les mêmes études... et puis voilà, ils se sont mariés la semaine dernière !!!

Il faut dire que je la comprends parce que Luis est adorable et ce pays est une merveille.

Tout est différent : le climat, l'architecture, la végétation...

Le mariage s'est super bien passé. C'était super romantique... D'abord, la cérémonie a eu lieu au coucher du soleil, sur la plage. Ensuite, pendant le repas, il y avait un groupe de mariachis... Puis on a dansé... Mais comme nous étions très fatigués à cause du décalage horaire (eh oui, nous sommes arrivés le matin même !), nous sommes allés nous coucher vers minuit... Finie, la grande fiesta !!!

Notre séjour se passe à merveille !

Tout le monde s'entend très bien. Ce qui est amusant, c'est que ma famille ne parle pas un mot d'espagnol et la famille de Luis, pas un mot de français, mais on se comprend quand même, avec les gestes, les sourires...

Je sens ma sœur très heureuse. Elle s'est très bien adaptée. Son travail lui plaît et elle s'entend très bien avec ses beaux-parents et avec sa belle-sœur...

Ah ! J'oubliais ! Comme ma grand-mère n'a pas pu se déplacer et qu'elle ne veut pas rater le mariage de sa petite-fille, ils se remarieront en Normandie !

Ce sera le 21 Mai, à Cherbourg.

Je compte sur toi ! J'espère que tu pourras venir... On s'amusera bien, tu verras !

Je t'embrasse,

Isabelle

P.S. : Je t'envoie des photos du mariage. On est beaux, hein !?

---

1 Lisez la lettre d'Isabelle.

1) Où est-elle ? avec qui ? pourquoi ?
2) Racontez l'histoire d'amour de Laurence et de Luis.
3) Que nous apprend Isabelle sur le mariage de sa sœur ? et sur le Mexique ?
4) Que propose Isabelle à Danièle ?

2 Quels sont les temps verbaux utilisés dans cette lettre ? Citez des exemples.

3 Oral en tandem. Avez-vous assisté à un mariage ? Posez-vous des questions et racontez des anecdotes.

Les sœurs de la mariée, ses parents, ses beaux-parents, sa belle-sœur et une tante de Luis.

Observez et analysez

LA CAUSE

Isabelle est très contente parce que sa sœur est heureuse.

Comme on ne parle pas l'espagnol, on se comprend avec des gestes.

Puisque tout le monde est là, la fête peut commencer.

Nous étions très fatigués à cause du décalage horaire.

Grâce à Laurence, nous avons visité le Mexique.

Quelle est la cause et quelle est la conséquence dans chacune des phrases précédentes ?
Comparez avec votre langue.

4 **La famille et vous.**
Cherchez dans votre famille quelqu'un qui réponde à ces caractéristiques.

1) Qui est célibataire ? marié(e) ? …
2) Avec qui vous entendez-vous le mieux ? …
3) Qui vous inspire beaucoup de tendresse ? …
4) …

Diversité

■ S'informer sur un produit et sur ses caractéristiques avant de l'acheter
■ Donner ses impressions sur un tableau

Aux puces de Montreuil

1 Observez ces photos. Là où vous habitez, y a-t-il des marchés comme celui-ci ?

2 Jeu d'observation. Observez bien une de ces photos et puis, livre fermé, décrivez-la. Le reste de la classe contrôle si ce que vous dites est exact.

Les puces de Montreuil sont un vrai paradis pour les chineurs. Petit mobilier, bibelots, épices, vêtements, on y trouve tout à tous les prix ! Ce marché perpétue sa renommée depuis 1860.

3 Voici des conversations entendues aux puces. Indiquez qui parle, à qui et pourquoi.

Situation 1 :

■ Pardon monsieur, il coûte combien, ce 33 tours ?
■ Celui-ci ??? 80 €, une véritable affaire…
■ Non, non, c'est trop cher pour moi.
■ Allez… vous êtes sympathique… je vous fais un petit prix.
■ Oh, vous savez… même avec un petit prix, ça reste trop cher pour moi…

Situation 2 :

■ Vous les vendez combien, ces livres ?
■ Ceux-ci, ils sont à 3 €…
■ Et ceux d'à côté… ?
■ Pareil…
■ Mais !!! Ils sont à moitié déchirés !!!
■ Écoutez monsieur. Que voulez-vous pour ce prix-là ??? Je ne vous oblige pas à les acheter !

Situation 3 :

■ Dis maman, c'est quoi ce truc-là ?
■ C'est un gramophone.
■ Ça sert à quoi, un gramophone ?
■ Ben… à écouter de la musique. En réalité, c'est l'arrière-grand-père des lecteurs de CD.
■ Ah bon ? Comment ça marche ? Ça se branche ?
■ Vous voulez l'essayer, madame ? Celui-ci, il marche par-fai-te-ment. Il est en très bon état. Tenez ! Écoutez…

Observez et analysez

LES PRONOMS DÉMONSTRATIFS

	singulier	pluriel
masculin	celui-ci, celui-là celui de… celui qui / que…	ceux-ci, ceux-là ceux de… ceux qui / que…
féminin	celle-ci, celle-là celle de… celle qui / que…	celles-ci, celles-là celles de… celles qui / que…
neutre	ceci, cela (ça), ce qui / que…	

A Cherchez dans chaque dialogue les pronoms démonstratifs.

B Quel mot remplacent-ils dans chaque cas ?

4 **Jeu de rôle.** Choisissez un des dialogues précédents et jouez la scène. Vous pouvez :
1) jouer la scène telle quelle.
2) remplacer l'objet dont il est question par un autre.
3) changer la fin.

Lequel de ces tableaux vous plaît le plus ?

5 **Voici trois chefs-d'œuvre de la peinture du XXᵉ siècle.** Observez les trois tableaux et répondez aux questions suivantes en utilisant des pronoms démonstratifs.

Lequel de ces trois tableaux vous plaît le plus ?
Lequel est le plus réaliste ? Lequel est surréaliste ?
Quel est celui qui vous fait sourire ? qui vous fait rêver ? qui vous fait réfléchir ? Etc.

Variez la façon de désigner le tableau :
Celui de... / Celui qui a... / Celui qui est...

6 **À vous !** Comparez deux équipes de football, deux acteurs, trois plats, deux films... Posez-vous des questions comme dans l'exercice précédent.

Doc Lecture Tour du monde en famille

Diversité

Quitter son boulot, ses amis, ses habitudes pour sillonner le globe, beaucoup en rêvent. Deux couples et leurs enfants ont tenté l'aventure. Ils sont revenus enchantés et n'ont qu'une envie... repartir.

« Nous avons des milliers de souvenirs extraordinaires ! À Mooréa, nous avons nagé dans l'eau turquoise d'un lagon, entourés par des raies de deux mètres. [...] » Deux ans après son retour, Jérôme Bourgine n'en revient toujours pas. En juillet 2001, ce papa de 42 ans a tout quitté pour se lancer, avec sa femme Sandra et leurs trois enfants -les jumeaux Ilan et Jules, 10 ans, et Hannah, 9 ans- dans un tour du monde d'un an.

Annie et Stéphane Marais en rêvaient aussi depuis longtemps. Ils ont attendu la naissance de Léo, le petit dernier, pour sillonner la planète pendant quatre ans en camping-car avec leurs trois enfants, âgés de 2, 5 et 7 ans.

Pour tous, les vrais préparatifs ont commencé un an avant le départ. « On a vendu notre maison, nos meubles, notre voiture. L'argent nous a permis d'acheter le camping-car », explique Annie Marais.
Si parcourir le monde et découvrir de nouvelles cultures sont les motivations premières des globe-trotters, se retrouver avec les siens était une aspiration commune aux deux familles. [...]

Et l'école ?
Comme il est essentiel que les enfants aillent de temps à autre à l'école pour apprendre à communiquer et à partager un espace commun avec d'autres, lors des escales les enfants étaient inscrits dans les écoles locales. Le reste du temps, les parents ont joué le rôle d'enseignants, en utilisant comme support les cours du Cned*. [...]

Le retour
Mais après ces longs mois de découverte, comme dans un rêve, il n'est pas évident de remettre les pieds sur terre. Si les enfants ont repris le chemin de l'école sans problème, l'inévitable retour a été difficile pour les adultes. Pour tous, l'envie de repartir est omniprésente : être sur les routes leur manque. Reste à convaincre les enfants : pour l'instant, ils refusent de quitter une nouvelle fois l'école et leurs amis.

* Centre national d'enseignement à distance.

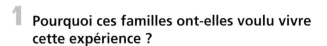

1 Pourquoi ces familles ont-elles voulu vivre cette expérience ?

2 Par quoi l'école a-t-elle été remplacée ?

3 Quand faut-il commencer les préparatifs d'un long voyage ?

4 Est-ce que tout le monde a la même envie de repartir ?

5 Que pensez-vous de ce genre d'expérience ?

Si vous voulez en savoir plus, visitez les sites : www.periple.fr.st et www.tourdumonde.net

Pour faire le p◯int

COMMUNICATION

Donner des ordres

Ne mets pas la musique si forte.
Calme-toi et explique-moi !

> **OUTILS**
>
> **L'impératif avec des pronoms (révision)**
>
> | Répondez-moi ! | **Ne** me répondez **pas** ! |
> | Lève-toi ! | **Ne** te lève **pas** ! |
> | Laisse-le ! | **Ne** le laisse **pas** ! |
> | Écris-lui ! | **Ne** lui écris **pas** ! |
> | Asseyez-vous ! | **Ne** vous asseyez **pas** ! |

Intervenir poliment dans une conversation

Pardon, monsieur / madame.
Excusez-moi de vous déranger / interrompre.

Raconter un événement passé (révision)

Ils se sont mariés la semaine dernière.
Le mariage s'est super bien passé !
C'était super romantique !

Situer dans le temps différents événements

D'abord, la cérémonie a eu lieu au coucher du soleil, sur la plage. Ensuite, pendant le repas, il y avait un groupe de mariachis. Puis on a dansé toute la nuit.

Exprimer la cause

Laurence est contente parce que sa famille assiste au mariage.

> **OUTILS**
>
> **La cause**
>
> Isabelle est contente parce que sa sœur est heureuse.
> Comme on ne parle pas l'espagnol, on se comprend avec des gestes.
> Puisque tout le monde est là, la fête peut commencer.
> Nous étions très fatigués à cause du décalage horaire.
> Grâce à Laurence, nous avons visité le Mexique.

S'informer sur un produit

- Pardon monsieur, ils coûtent combien ces livres ?
- Ceux-ci coûtent 15 € chacun.
- Et comment il marche, ce gramophone ?
- Regardez ! Celui-ci marche parfaitement.

> **OUTILS**
>
> **Les pronoms démonstratifs**
>
> | | singulier | pluriel |
> |---|---|---|
> | masculin | celui-ci, celui-là | ceux-ci, ceux-là |
> | | celui de… | ceux de… |
> | | celui qui / que… | ceux qui / que… |
> | féminin | celle-ci, celle-là | celles-ci, celles-là |
> | | celle de… | celles de… |
> | | celle qui / que… | celles qui / que… |

Donner ses impressions sur un tableau

- Lequel de ces trois tableaux vous plaît le plus ?
- Celui de droite. J'adore ses couleurs.
- Quel est celui qui vous fait rêver ?
- Celui de Dalí car il fait penser à un monde magique.

> **OUTILS**
>
> **Les pronoms interrogatifs**
>
> Quelles bottes tu préfères ? → Lesquelles tu préfères ?
>
> | | singulier | pluriel |
> |---|---|---|
> | masculin | lequel | lesquels |
> | féminin | laquelle | lesquelles |

PHONÉTIQUE

Les consonnes doubles et triples : stop, strict, splendeur, scrutin, spécimen, squelette

CIVILISATION

Tour du monde en famille.

TÂCHE GLOBALE

PROJET *voyages de rêve…*

Imaginez : vous avez enfin réalisé un de vos rêves…, faire le tour du monde avec des amis ! Vous avez vécu un tas d'aventures que vous avez envie de raconter à vos camarades.

Module 2 Leçon 5

Test d'expression orale : Êtes-vous capable de... ?

Dernièrement, vous avez remarqué que votre mère était un peu stressée et fatiguée.
Vous décidez de lui faire une belle surprise.

Dire de faire ou de ne pas faire quelque chose

1 Vous cherchez de l'aide pour organiser cette surprise. Demandez aux amis, à la famille…
1) de vous donner des idées.
2) de vous aider.
3) de ne rien dire à votre mère.
4) de ne pas vous parler de ça devant elle.
5) de ne pas vous téléphoner à l'heure des repas.

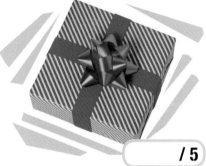

/ 5

Désigner les membres d'une famille

2 D'abord, vous avez décidé d'organiser en secret un repas avec la famille. Faites une liste de douze invités en spécifiant quel est leur lien de parenté avec votre mère.

/ 10

POUR MIEUX S'AUTO-ÉVALUER

Identifier ou reconnaître ses points forts et ses points faibles permet de mieux orienter son apprentissage et d'être plus efficace.

Désigner des objets grâce à leurs caractéristiques

3 Quel bouquet va lui plaire le plus ? Lequel préférez-vous ? Justifiez votre choix.

tournesols   *tulipes*   *fleurs variées*

/ 9

Répondre poliment

4 Votre mère, toute émue, remercie toute la famille.
Qu'est-ce qu'elle dit ? Qu'est-ce que vous lui répondez ? Jouez la scène.

/ 6

SCORE : / 30

Test de compréhension orale :

Comment ça marche ?

Cahier d'exercices, page 28.

Module 3

DANS CE MODULE...

- Vous assistez à une soirée interculturelle.
- Vous obtenez des informations pratiques dans une auberge de jeunesse.
- Vous indiquez ce qui est permis ou interdit.
- Vous répondez à un questionnaire sur l'environnement.
- Vous donnez des informations.
- Vous réfléchissez sur les systèmes scolaires européens.
- Vous présentez un pays de l'Union européenne.
- Vous révisez quelques sons.
- Vous vous entraînez à écrire.

VOUS UTILISEZ...

- Le présent du subjonctif.
- Les pronoms relatifs : *qui, que, où* et *dont*.
- Le lexique servant à parler de l'environnement et de l'écologie.

- Organiser une fête
- Exprimer l'obligation, le souhait
- Faire des appréciations

Soirée interculturelle

Des jeunes venus des quatre coins de l'Europe font un séjour linguistique en Belgique. Leur objectif : perfectionner leur français et connaître d'autres gens, d'autres cultures.

1 Lisez cette affiche. Résumez les informations essentielles : qui ? quoi ? quand ? où ? comment ? pourquoi ?

Avant la fête

2 Écoutez ce dialogue.
1) De quelle nationalité sont ces jeunes ?
2) Que propose Francesco à ses copines ? Sont-elles d'accord ?

SOIRÉE INTERCULTURELLE
SAMEDI 25 JUILLET

Vous avez envie de faire connaître la musique, les danses et la cuisine de votre pays ?

Venez à la soirée interculturelle qui aura lieu le samedi 25 juillet à partir de 21 heures !!!

Vous pouvez :
· Préparer un plat typique de votre pays
· Apporter des boissons non alcoolisées
· Interpréter une chanson bien de chez vous
· Jouer d'un instrument

Venez nombreux !

Vu que je suis italien, il faut que je prépare une pizza ou des spaghettis !

C'est comme vous, vous n'avez pas le choix, il faut que vous dansiez le flamenco !!!

Il faut que vous leviez les bras... et que vous tapiez des pieds très fort... et surtout que vous preniez un air tragique...

3 Oral en tandem. Vous organisez une fête et vous distribuez les tâches : *Toi, il faut que tu… et moi, il faut que je…* Utilisez les verbes suivants : *apporter, préparer, nettoyer, (ne pas) jeter…*

Après la fête

4 **Écoutez le dialogue et observez les photos.** De quelles activités ces jeunes parlent-ils ? Attention aux photos ! Il y a des intrus.

5 **Lisez le dialogue et relevez les expressions utiles pour faire des appréciations.** Employez-les dans d'autres exemples.

- C'était génial !!!
- Ah ouais, **je me suis régalé !** Tout était délicieux ! **Et qu'est-ce que j'ai ri** avec le groupe qui chantait la chanson bretonne !
- Moi, j'ai trouvé ça nul, je n'ai pas du tout aimé !!!
- Et la chorale tchèque ?! **Ça m'a plu !!!** C'était émouvant !!!
- Moi, **ce qui m'a plu le plus,** c'est la danse du ventre.
- Elles étaient géniales ! On aurait dit de vraies danseuses !
- Et le numéro de flamenco, **ça ne vous a pas plu** ?
- Oh si ! **je me suis bien défoulé** en tapant des pieds !

Écoutez, observez, analysez

Diversité

LE PRÉSENT DU SUBJONCTIF (1)

Verbes du 1ᵉʳ groupe :

Il faut…
que je danse
que tu danses
qu'il / elle / on danse
que nous dansions
que vous dansiez
qu'ils / elles dansent

Quelques emplois :

1) **L'obligation :**
Il faut que…
Il faudrait que…

2) **Le souhait :**
J'aimerais (bien) que…
Je voudrais (bien) que…

A **Écoutez et observez le présent du subjonctif du verbe *danser*.**
À quel temps de l'indicatif vous font penser les formes qui se prononcent de la même manière ? Et les autres formes ?

B **Entraînez-vous à conjuguer d'autres verbes du 1ᵉʳ groupe au subjonctif.**

C **Levez la main quand vous entendez une phrase au subjonctif.**

Pour bien prononcer

LE SINGULIER ET LE PLURIEL DES VERBES AU PRÉSENT

[ilpaʀt] s'écrit

Il part ?
ou
Ils partent ?

Écoutez et distinguez le singulier du pluriel.

Module 3 Leçon 2

- Obtenir des informations pratiques dans une auberge de jeunesse
- Indiquer ce qui est permis ou interdit

Bienvenue à l'auberge de jeunesse

Aurélia et Claire parcourent l'Europe avec une carte Inter Rail. Elles passent cette nuit à l'auberge de jeunesse de Strasbourg.

1 Écoutez cette conversation.

1) Quelles recommandations leur fait l'employé ? pourquoi ?
2) Que pensaient-elles faire à leur arrivée à l'auberge ? pourquoi ?
3) Finalement, qu'est-ce qu'elles vont faire ? pourquoi ?

Observez et analysez

Diversité

LE PRÉSENT DU SUBJONCTIF (2)

A Quelle personne du présent de l'indicatif sert à former le présent du subjonctif ? Quelles sont les deux personnes qui ne suivent pas ce modèle ?

que je vienn**e**	que nous ven**ions**
que tu vienn**es**	que vous ven**iez**
qu'il / elle / on vienn**e**	qu'ils / elles vienn**ent**

B Déduisez le présent du subjonctif des verbes *boire, dire, finir, prendre* et *sortir.*

Pour vous aider

D'autres emplois :

1) Conseiller :
Il vaut mieux que vous ayez les clés.
Il est préférable que vous rentriez.
2) Exprimer un sentiment :
Je suis content que vous soyez arrivées !
Je suis triste qu'elle parte avec vous.
3) Exprimer un doute :
Je ne crois pas qu'il vienne.
Je ne pense pas qu'il soit là.

⚠ **Attention !**
J'espère, je crois, je pense, je sais que se conjuguent avec l'indicatif.
J'espère que vous viendrez.
Je crois qu'il est trop tard.
Je pense que tu y arriveras.
Je sais que je n'écoute jamais.

Attention aux verbes irréguliers ! ⚠

avoir : que j'aie, que nous ayons, qu'ils / elles aient…
être : que je sois, que nous soyons, qu'ils / elles soient…
aller : que j'aille, que nous allions, qu'ils / elles aillent…
faire : que je fasse, que nous fassions, qu'ils / elles fassent…
vouloir : que je veuille, que nous voulions, qu'ils / elles veuillent…
pouvoir : que je puisse, que nous puissions, qu'ils / elles puissent…
savoir : que je sache, que nous sachions, qu'ils / elles sachent…

2 **Lisez le règlement de l'auberge de jeunesse.**

1) Quelles règles n'ont pas été mentionnées par l'employé ?

2) Êtes-vous d'accord avec ce règlement ? Qu'est-ce qui vous surprend le plus ?

Auberge de jeunesse René Cassin

Certaines règles sont nécessaires pour vivre en communauté et rendre le séjour de chacun le plus agréable possible… Voici donc le règlement intérieur !

Règles de vie dans les chambres :

· L'accès aux chambres n'est pas autorisé entre 10 h et 12 h. Attention, les portes se referment automatiquement, gardez les clés sur vous. Toute clé perdue sera facturée 3 €.

· Les draps vous sont fournis mais pas les serviettes de toilette !

· Il est interdit de FUMER, de MANGER ou de BOIRE dans les chambres (toute boisson alcoolisée trouvée dans les chambres sera automatiquement confisquée).

· Il est défendu de consommer de la drogue, sous peine de renvoi immédiat ou d'exclusion définitive du réseau des auberges de jeunesse. Toute détérioration du matériel sera facturée.

· Après 23 h, le calme est obligatoire afin de permettre à chacun de dormir. Les personnes qui veulent veiller davantage peuvent se rendre au bar (ouvert jusqu'à 1 h du matin). À la fermeture du bar, veuillez regagner votre chambre dans le calme.

Sécurité :

· L'auberge ferme ses portes à 1 h du matin. Un veilleur de nuit est présent toute la nuit.

· Pour éviter tout problème de vol, ne laissez ni argent ni objets de valeur dans votre chambre ! L'auberge décline toute responsabilité en cas de vol.

Le jour du départ :

· Les chambres doivent être libérées pour 10 h. Veuillez déposer vos draps à l'endroit prévu à cet effet.

· N'oubliez pas de rendre les clés au moment de votre départ.

Merci pour votre coopération !

3 **Le règlement de votre lycée.** Qu'est-ce qui est obligatoire ? Qu'est-ce qui est interdit ? D'après vous, qu'est-ce qui est juste ? injuste ? Faites une liste.

4 **Oral en tandem.** Vous êtes invité(e) à… chez les… Avant d'y aller, quelqu'un vous prévient de leurs petites manies et vous fait des recommandations. *Exemple : Il est interdit de…, il vaut mieux que…* Préparez le dialogue.

Consultez d'autres règlements sur les sites d'auberges de jeunesse.

- Indiquer les petits gestes qui aident à sauvegarder l'environnement
- Donner des informations complémentaires

Elle est petite, elle est souffrante...

Tout le monde sait que la Terre est ronde, mais peu de gens comprennent que la Terre est petite... et fragile, et qu'elle n'est plus capable d'absorber à elle seule notre production massive de gaz CO_2.

À l'aide de ce test, demandons-nous quelles sont les conséquences de nos activités sur la planète, et cherchons la manière de freiner le réchauffement global, dont les effets peuvent être catastrophiques. Nous sommes nombreux. Beaucoup de petits gestes, ça fera une grande différence.

1 En ce qui concerne l'habillement, vous êtes plutôt du genre...

- Toujours à la mode, j'adore acheter des vêtements.
- J'achète juste le nécessaire, en début ou en fin de saison.
- Je m'habille dans les friperies ou je profite des vêtements qu'on me donne.

2 Vous prenez...

- Un grand bain tous les soirs.
- Une douche rapide (3 minutes) par jour.
- Une longue douche bien chaude.

3 Généralement, comment allez-vous au lycée ?

- À pied ou en vélo.
- En voiture ou en scooter.
- En bus ou en métro.

4 Combien d'appareils électriques branchez-vous chaque jour ?

- Radio, sèche-cheveux, ordinateur, télé, jeux vidéo.
- Pas plus de trois appareils.
- Ça dépend des jours, mais je peux m'en passer sans problème.

5 En hiver, lorsque vous restez à la maison, vous êtes...

- Souvent en pull.
- Toujours en pull.
- Toujours en T-shirt parce que j'aime le chauffage assez fort.

6 Est-ce que vous triez vos déchets ?

- Oui, le verre, le papier et les emballages.
- Je les trie, mais j'essaie surtout de les réduire.
- Non, je jette tout dans la poubelle. J'ai autre chose à faire !

7 Pendant ce dernier mois, vous avez occupé une partie de votre temps libre...

- À réparer ou à recycler des objets.
- À faire les boutiques.
- À organiser mes papiers et à ranger mes armoires.

8 Que mangez-vous le plus souvent ?

- Des plats « faits maison ».
- Des conserves, des surgelés, des plats cuisinés.
- Des aliments bio.

9 Avec vos repas, vous buvez...

- De l'eau du robinet.
- De l'eau minérale.
- Une boisson fraîche (avec des glaçons).

1 Répondez à ce questionnaire individuellement, puis en groupe.

Si vous ne trouvez pas la réponse qui correspond exactement à votre cas, choisissez celle qui est la plus proche. Quel est votre profil ? et celui de votre classe ?

> **LES 4 R POUR FAIRE MAIGRIR NOS POUBELLES :**
>
> **Réduire** nos déchets.
> **Réparer** et **Réutiliser** les objets.
> **Recycler**.
>
> **Des gestes dont nous sommes capables.**

Il faut qu'on s'en occupe !

Majorité de

Quel gaspillage d'énergie ! Si tout le monde faisait comme vous, il faudrait plusieurs planètes pour absorber vos émissions de gaz. S'il vous plaît, débranchez vos appareils, arrêtez vos moteurs et pensez un peu à votre avenir et à ceux qui viendront après vous.

Majorité de

Il vous faut modifier certaines habitudes si vous voulez contribuer à réduire les émissions de gaz à effet de serre. Il s'agit seulement de petits gestes qui serviront à éviter des catastrophes.

Majorité de

Vous êtes capable d'économiser de l'énergie sans pour autant renoncer à vivre. Vous respectez l'environnement, vous aimez la nature. Elle vous fait du bien. Merci au nom de la planète !

Observez et analysez

LES PRONOMS RELATIFS

Le vent qui souffle…
L'air que nous respirons…
La planète où j'habite…

LE PRONOM RELATIF *DONT*

Nous avons besoin d'eau.
L'eau dont nous avons besoin…

J'admire la force de l'océan.
L'océan dont j'admire la force…

Quels mots le pronom *dont* remplace-t-il dans chaque cas ?
Quelle préposition précède ces mots ?

2 Écoutez et scandez.

L'eau,
L'eau est là !
L'eau qu'on boit,
C'est la joie !

L'eau,
L'eau est là !
L'eau qui danse,
C'est la chance !

L'eau,
L'eau est là !
L'eau qui rit,
C'est la vie !

Kirikou et la sorcière. Michel Ocelot
© Éditions Milan / Collection Jeunesse

3 Sur ce modèle, évoquez la Terre, l'air, l'énergie…

L'eau
Qui coule
Que nous buvons
Où nous plongeons
Que nous aimons
Dont nous avons besoin

Doc Lecture L'école en Europe

Diversité

Actuellement, en Europe, il existe quatre modèles de systèmes scolaires.

En Grande-Bretagne, porter un uniforme, c'est une tradition.

Dans le nord, pas d'échec scolaire !

Dans les pays scandinaves (Suède, Norvège, Islande, Danemark, Finlande), tous les élèves, de 7 à 16 ans, vont dans la même école (la *Folkeskole*) et restent dans le même groupe-classe. Ils ont le même professeur principal, mais des enseignants différents dès le primaire. Le redoublement est inconnu, et 95 % des élèves obtiennent un diplôme en dernière année.

« British selection »

Les Anglo-Saxons, comme les Scandinaves, privilégient l'acquisition de l'autonomie à celle des connaissances. Ils auront tendance à mettre en avant les progrès des élèves, indépendamment de leur niveau initial.
En Grande-Bretagne, 10 % des élèves sont scolarisés dans des *Grammar Schools* (établissements privés et sélectifs).

En Lituanie, le chant est une matière obligatoire.

Le type germanique

En Allemagne, en Autriche, en Suisse, aux Pays-Bas et au Luxembourg, les élèves ont le choix très tôt entre trois filières : *le Gymnasium* (30 % des élèves), menant à des études universitaires, *la Realschule*, menant à des études supérieures non universitaires et *les Hauptschulen*, formation professionnelle courte. Il faut noter toutefois que l'image sociale des élèves provenant de cette dernière filière y est bien meilleure que dans les pays latins.

Dans les pays latins, on privilégie l'acquisition des connaissances.

La note latine

En France, en Italie, en Espagne, au Portugal, en Grèce, on a privilégié traditionnellement l'acquisition des savoirs et des connaissances : ainsi, les examens et les notes ont une part plus importante que dans les autres systèmes. Les élèves en difficulté ont la possibilité de redoubler.

Adapté de Cordula Foerster. *Étude comparée des systèmes éducatifs européens : approche pédagogique, enjeux communs et particularités*. Actes du colloque « Les systèmes éducatifs en Europe : approche juridique et financière », Barcelone (2000).
Adapté de Philippe Dessus. *Aperçu des systèmes éducatifs européens*, IUFM et Laboratoire des sciences de l'éducation, Grenoble, France
http://web.upmf-grenoble.fr/sciedu/pdessus/sapea/euroeduc.html

1 D'après vous, quels sont les avantages et les inconvénients de chaque système ?

2 Qu'aimeriez-vous changer (ou non) dans le système scolaire de votre pays ?

Pour faire le p⬤int

M3 L4

COMMUNICATION

Exprimer l'obligation

<u>Il faut</u> que tu prépares une pizza.
<u>Il faudrait</u> que vous dansiez le flamenco.

Exprimer le souhait

<u>J'aimerais (bien)</u> que tu apportes un gâteau.
<u>Je voudrais (bien)</u> qu'ils arrivent à l'heure.

Conseiller

<u>Il vaut mieux</u> que vous ayez les clés.
<u>Il est préférable</u> que vous rentriez.

Exprimer un sentiment

<u>Je suis content</u> que vous soyez arrivées.
<u>Je suis triste</u> qu'elle parte avec vous.

Exprimer un doute

<u>Je ne crois pas</u> qu'il vienne.
<u>Je ne pense pas</u> qu'il soit là.

> **OUTILS**
> **Le présent du subjonctif**
> **Verbes du 1er groupe :** que je danse, que tu danses, qu'il / elle / on danse, que nous dansions, que vous dansiez, qu'ils / elles dansent
>
> **Verbe *venir* :** que je vienne, que tu viennes, qu'il / elle / on vienne, que nous venions, que vous veniez, qu'ils / elles viennent
>
> **Verbes irréguliers :**
> *avoir* : que j'**aie**, que nous **ayons**, qu'ils / elles **aient**
> *être* : que je **sois**, que nous **soyons**, qu'ils / elles **soient**
> *aller* : que j'**aille**, que nous allions, qu'ils / elles **aillent**
> *faire* : que je **fasse**, que nous **fassions**, qu'ils / elles **fassent**
> *vouloir* : que je **veuille**, que nous voulions, qu'ils / elles **veuillent**
> *pouvoir* : que je **puisse**, que nous **puissions**, qu'ils / elles **puissent**
> *savoir* : que je **sache**, que nous **sachions**, qu'ils / elles **sachent**
>
> ⚠ J'espère, je crois, je pense, je sais que se conjuguent avec l'indicatif : J'espère que vous viendrez. Je crois qu'il est trop tard…

Faire des appréciations

C'était génial ! Je me suis régalé ! Qu'est-ce que j'ai ri ! Ça m'a plu ! Je me suis bien défoulé !

Indiquer ce qui est permis ou interdit

Il est permis de manger à la cafétéria.
Il est interdit de faire du bruit.
Il est défendu de fumer dans les chambres.

Donner des informations complémentaires

Le vent qui souffle est très fort.
L'air que nous respirons est pollué.
La planète où nous habitons s'appelle la Terre.
Le jour où il est né, il pleuvait.
L'eau, dont nous avons besoin pour vivre, est de plus en plus rare et polluée.

> **OUTILS**
> **Les pronoms relatifs**
> qui : sujet
> que : C.O.D.
> où : lieu, temps
> dont : *de* + complément

PHONÉTIQUE

Le singulier et le pluriel des verbes au présent : il part / ils partent

CIVILISATION

L'école en Europe.

TÂCHE GLOBALE

PROJET Chercheurs sur Internet. L'Europe, vous connaissez ?

Test d'expression orale : Êtes-vous capable de... ?

Un week-end pas comme les autres…

Vos parents sont partis ce week-end et vous ont enfin donné la permission d'inviter des copains en leur absence.

▪ Faire des recommandations et interdire

1 Vous savez que votre mère a des « petites manies » en ce qui concerne les meubles et les objets du salon. Vous faites quelques recommandations à vos amis.

/ 8

▪ Exprimer l'obligation

2 Avant le retour de vos parents, il faudra tout remettre à sa place, cela fait partie de votre négociation ! Annoncez à vos copains les tâches à exécuter : ranger le salon, balayer, nettoyer la cuisine, jeter les ordures…

/ 8

▪ Employer le subjonctif

3 Vous vous êtes fâché(e) avec un de vos copains qui a fait un commentaire malheureux sur vous… Vous lui téléphonez pour vous réconcilier. Prenez la parole et remplacez les « bla, bla, bla ».

J'aimerais bien… bla, bla, bla.
Il ne faut pas que… / Il faut que… bla, bla, bla.
Je suis très heureux / euse que… bla, bla, bla.
Il n'est pas question que… bla, bla, bla.
Il vaut mieux que… bla, bla, bla.

/ 10

▪ Utiliser les pronoms relatifs

4 Faites le bilan de cette expérience.

Exemple : Cela a été un week-end dont on se souviendra toujours.
Cela a été un week-end où…
        qui…
        que…   / 4
        dont…

SCORE : / 30

Test de compréhension orale :

◎ Conseils   **Cahier d'exercices, page 40.**

Module 4

DANS CE MODULE...

- Vous donnez votre opinion sur des émissions de télévision.
- Vous indiquez la possession.
- Vous faites des prévisions sur le temps.
- Vous lisez quelques rubriques d'un magazine d'actualité.
- Vous découvrez les secrets des magiciens du cinéma.
- Vous présentez un journal télévisé.
- Vous vous entraînez à écrire.

VOUS UTILISEZ...

- Les expressions pour donner une opinion.
- Les pronoms possessifs.
- Le lexique servant à parler du temps qu'il fait.
- Le futur simple.
- L'imparfait et le passé composé.

- Donner son opinion sur des émissions de télé
- Argumenter
- Indiquer la possession

Je zappe, tu zappes, on zappe !

1 Qu'est-ce qu'il y a ce soir à la télé ?
Consultez ce programme et proposez trois émissions par ordre de préférence.

TF1	Vacances mortelles (téléfilm) **20.50**	Les sept péchés capitaux (film) **22.35**	
France 2	Journal **20.00**	FBI : Portés disparus (1) (série) **21.00**	Ça se discute (débat) **22.30**
France 3	Questions pour un champion (jeu) **20.50**	Plus belle la vie (feuilleton) **22.35**	
CANAL+	Une seconde (documentaire) **20.10**	100 min pour convaincre (concours) **20.55**	S.W.T.T. unité d'élite (film-V.O.) **23.00**
EUROSPORT	Championnat d'Europe dames (football) **19.30**	Le Magazine Olympique (magazine) **21.30**	
M6	Loft Story (téléréalité) **19.45**	Météo soir **21.30**	

L'opinion

Expressions
À mon avis, / D'après moi, / Selon moi, / Pour moi, il ne viendra pas.

- **Forme affirmative → indicatif**
  Je pense que tu as raison.
  Je crois que c'est mauvais.

- **Forme négative → subjonctif**
  Je ne pense pas qu'il soit là.
  Je ne crois pas qu'elle ait le temps.

Pour vous aider

POUR DONNER UN ARGUMENT CONTRAIRE

Tu choisis TV5 ; moi, par contre, je préfère La 2.
au contraire
en revanche

2 Petits conflits devant la télé. Écoutez la conversation entre Théo et sa mère. Sur quels points ne sont-ils pas d'accord ? Que font-ils finalement ?

3 Et chez vous, c'est pareil ? Qui est le / la plus accro à la télécommande ?

Loft Story (téléréalité)

4 **Écoutez.** En quoi consiste cette émission ?

5 **Quel est le problème entre les deux jeunes filles ?**

- … Tu m'as piqué mon jean !?
- Ton jean ? Mais pas du tout. C'est le mien !
  […] Pourquoi ce serait le tien ?

Voici quelques opinions sur la « téléréalité ».
Ce qu'ils en pensent…

La Prod (production)
Les participants sont au courant du contrat. En fait, ils peuvent partir quand ils veulent. Autrement, les téléspectateurs sont libres de changer de chaîne ou d'éteindre la télé, à la limite !

Le psy
Je ne trouve pas que ce soit très éducatif comme jeu. Je dirais que c'est même pervers. Ils cherchent des candidats provocateurs mais qui, en revanche, sont profondément fragiles.

Un spectateur
Je trouve révoltant qu'on dépense notre argent à produire des émissions pareilles ! J'ai une proposition à faire : enfermer tous les directeurs de chaînes de « télépoubelle » pour qu'ils s'éliminent les uns les autres. Seul le dernier pourra garder son emploi. C'est pas une bonne idée, ça ?

- Parce que le mien, il a la poche de derrière décousue…

Et vous, qu'est-ce que vous pensez de ce genre d'émissions ?

6 **Kevin et Steve se sont détestés dès le premier jour.** Aujourd'hui, ils se disputent à propos d'un CD. Jouez la scène.

Observez et analysez

LES PRONOMS POSSESSIFS

	un seul objet		plusieurs objets	
	masculin	féminin	masculin	féminin
je	le mien	la mienne	les miens	les miennes
tu	le tien	la tienne	les tiens	les tiennes
il / elle / on	le sien	la sienne	les siens	les siennes
nous	le nôtre	la nôtre	les nôtres	les nôtres
vous	le vôtre	la vôtre	les vôtres	les vôtres
ils / elles	le leur	la leur	les leurs	les leurs

Comparez avec votre langue.

Quel temps fait-il ?

Voici les prévisions météorologiques du journal *Le Matin*.

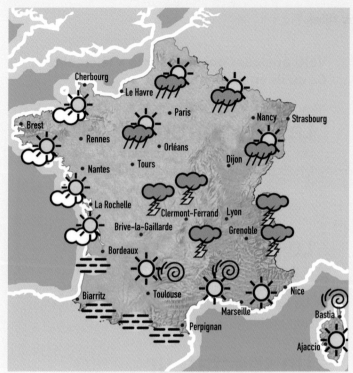

Un ciel couvert avec de belles éclaircies régnera toute la matinée sur l'ensemble de la côte atlantique. Un petit bain sera tout indiqué pour supporter la chaleur.

Dans le Sud-Ouest, des orages pourront éclater en fin de matinée sur le massif des Pyrénées.

Dans le Midi, sur la Côte d'Azur et en Corse, la journée s'annonce ensoleillée et chaude. Attention quand même à vos parasols ! Le mistral soufflera fort dans la matinée.

Dans les zones montagneuses, près des Alpes, quelques orages éclateront, provoqués par la forte chaleur.

Dans le Nord, près des frontières de l'Est et dans la région parisienne, le temps sera variable avec des averses. Par contre, au centre, il n'y aura pas de pluie mais un épais brouillard couvrira tout le Massif Central dans la matinée. Si vous prenez la voiture, la prudence s'impose !

 soleil   éclaircies   nuageux   couvert   averses   bruine ou pluie

 orages   brouillard   verglas   neige   vent

1 **Observez la carte météorologique.** Est-ce que vous retrouvez tous les symboles donnés à la fin du texte ?

2 **Lisez les prévisions pour la journée, puis observez attentivement la carte.** Des symboles ont été échangés. Lesquels ?

3 **Écoutez à la radio le bulletin météo de 20 heures.** Est-ce que toutes les prévisions du journal *Le Matin* se sont révélées exactes ?

 Observez et analysez

LE FUTUR (RÉVISION)

Relevez tous les verbes conjugués au futur. Cherchez leur infinitif.

4 **Imaginez que vous êtes la présentatrice et** **donnez les prévisions.** N'oubliez pas d'imiter ses gestes !

Au nord,...

Il y a de l'orage dans l'air

5 **Écoutez et chantez cette chanson.**

Je t'ai connue un 14 juillet
Ton sourire était ensoleillé.
Le coup de foudre, je n'y croyais pas
Mais voilà, je suis tombé amoureux de toi !

Tu es changeante comme le temps.
Dans ton cœur, il fait bon ou il fait du vent.
Mélancolique comme un jour pluvieux
Et gaie comme un soleil radieux.
Il y a de l'orage dans l'air,
Tes yeux verts lancent des éclairs.
Dans ta voix, il y a le tonnerre qui gronde.
Mon Dieu, mon Dieu,
Tu fais peur à tout le monde !

Partout où tu passes, c'est l'hécatombe !!!
Mon cœur est comme une antenne météo.
Je sens très bien quand chez toi
Il ne fait pas beau.

Tu es changeante comme le temps.
Dans ton cœur, il fait bon ou il fait
du vent.
Mélancolique comme un jour
pluvieux
Et gaie comme un soleil radieux.
Il y a de l'orage dans l'air,
Tes yeux verts lancent des éclairs.
Dans ta voix, il y a le tonnerre qui
gronde.
Mon Dieu, mon Dieu,
Tu fais peur à tout le monde !

NORD
OUEST EST
SUD

6 **Observez les illustrations.** À quelles phrases de la chanson vous font-elles penser ?

7 Utilisez le lexique de la météo pour décrire d'autres personnes ou d'autres situations : au collège, à la maison, un(e) ami(e)…

Module 4 Leçon 3
▪ Préparer une interview
▪ Raconter une expérience bouleversante

L'actualité magazine

SPORTS

Kamel a 18 ans. Il est footballeur à Marseille. Pour le moment, il est encore amateur mais il rêve de devenir professionnel. Meilleur buteur des moins de 18 ans à l'OM (Olympique de Marseille) : 21 buts en 32 matchs.

À quel âge as-tu commencé à jouer au foot ?
À l'âge de 8 ans dans le club de mon quartier.

À quel moment as-tu décidé d'en faire ton métier ?
À partir du moment où les recruteurs ont commencé à s'intéresser à moi. C'est là que je me suis dit que j'avais des possibilités d'y arriver.

Qu'as-tu ressenti le jour où tu es arrivé à la Commanderie* ?
Une grande fierté ! D'abord pour mon entourage, ma famille, mes amis des quartiers Nord, tous ceux qui m'ont soutenu, qui ont cru en moi.

Tu joues des deux pieds, mais c'est naturel ou tu as dû travailler ?
Je suis droitier d'origine mais un bon footballeur se doit d'être adroit des deux pieds, j'ai donc travaillé mon pied gauche et aujourd'hui je joue des deux pieds.

Comment ça se passe pour les corners ? Tu vises un joueur ou tu tires dans le tas ?
C'est très rare que je tire des corners car je suis plutôt adroit de la tête.

* Centre d'entraînement de l'Olympique de Marseille

Quel geste technique réussis-tu le mieux ?
Le passement de jambe, c'est un geste imparable et idéal pour éliminer le défenseur.

Quel est ton club préféré ?
Sentimentalement, l'Olympique de Marseille et mon objectif de carrière, jouer à Arsenal.

Ton plat préféré ?
Le couscous.

Si je te propose de rencontrer une personnalité, qui choisiras-tu ?
Zinedine Zidane.

Si tu ne faisais pas du foot, quel métier aurais-tu souhaité exercer ?
Journaliste.

Merci Kamel.
Merci.

1 **Lisez cette interview.** Décrivez la trajectoire professionnelle de Kamel, ses habiletés techniques, ses projets, ses goûts.

2 **Relevez le lexique se référant au football.** Comment pourriez-vous faire comprendre ces mots sans les traduire à une personne qui ne connaît rien au foot ? (mime, illustrations…)

POUR MIEUX FAIRE DES INTERVIEWS
Comme les bons professionnels, renseignez-vous sur la personne à interviewer. Cela vous aidera à trouver des questions intéressantes.

TÉMOIGNAGES
J'ai survécu à un cyclone !
Voici le témoignage de Loïc, 20 ans.

C'était en 2002, le 29 mars exactement… J'habitais encore à Saint-Denis, dans l'île de la Réunion. On était en vacances. Il faisait un temps superbe. Tout se passait bien… j'étais à la plage avec des copains, je me rappelle… On n'était pas très contents parce qu'il n'y avait pas assez de vent pour faire du surf… (Si on avait su !) À côté de nous, une radio diffusait une musique horrible… Enfin, un jour de vacances tout à fait normal… Tout à coup, la musique s'est arrêtée et la radio a annoncé que notre île était en alerte n° 1. Mais il faisait si beau que les gens ont pensé que c'était une fausse alerte et ils ont continué à se faire bronzer. Hélas, ils se trompaient complètement !… Les animaux, qui ressentent les phénomènes naturels mieux que nous, eux, ils ont réagi tout de suite ! Le soir même, notre chatte s'est réfugiée dans le garage avec ses trois chatons et le lendemain, alors que la pluie commençait à tomber, mon père a eu la surprise de trouver sa voiture remplie de grosses araignées noires ! À la même heure, on a déclenché l'alerte n° 3.

Le cyclone s'est déchaîné sur l'île avec des pluies torrentielles et des vents de 250 km / h. Il y a eu d'énormes dégâts : des maisons sans toit, des voitures renversées… C'était horrible… Le lendemain, le temps est redevenu magnifique, comme si de rien n'était, et ma chatte est revenue à la maison avec ses petits.

---

3 Lisez le récit ci-dessus et répondez aux questions.

1) Qu'est-ce qui s'est passé en mars 2002 ?
2) Où cela s'est-il passé ? Qui témoigne ?
3) Quelles ont été les différentes réactions des gens ? Et les conséquences ?

Imparfait ou passé composé ?

Diversité

Observez les indicateurs temporels :

Tous les matins / Tous les jours, on mangeait des tartines beurrées.
D'habitude / En général, nous passions nos vacances à Lorient.
Autrefois / Avant / Il y a 100 ans, les femmes restaient à la maison.

Un matin / Hier / Cet hiver, on a eu très peur.
Tout à coup / Soudain, un orage a éclaté.

4 Écoutez maintenant un deuxième récit. Ensuite, lisez à haute voix la transcription (page 70). Imitez le rythme et les intonations.

5 Quel a été le jour le plus terrible de votre vie ? Racontez.

Diversité

Doc Lecture Un siècle d'effets spéciaux

Découvrez les secrets des magiciens du cinéma

ANIMÉE IMAGE PAR IMAGE

Eh oui, c'est King Kong ! Cet énorme monstre mesurait en fait 80 cm... Son squelette de métal articulé était recouvert d'une musculature d'éponges découpées, d'une peau de latex et de fourrure de lapin. Après lui avoir fait prendre une pose intéressante, O'Brien prenait une photo. Il déplaçait de quelques millimètres les bras, les jambes et la tête du gorille, prenait une autre image, et répétait ce processus vingt-quatre fois pour obtenir une seconde d'animation ! C'était en 1933.

DES ABYSSES... DANS UNE PISCINE

En 1989, James Cameron a eu l'idée de construire le décor marin de son film *Abyss* dans une centrale nucléaire inachevée. Ses techniciens y ont construit un fond rocheux, puis l'ont remplie de 32 millions de litres d'eau !

VIRTUEL DE LA TÊTE AUX PIEDS

La série anglaise *Chased by Dinosaurs* (*Poursuivi par les dinosaures*) montre ainsi un journaliste-explorateur poursuivi par les monstres de la préhistoire.

Pendant le tournage en milieu naturel, les experts du studio Framestore ont mesuré l'orientation, la couleur et l'intensité de la lumière ambiante, et l'ont répliquée sur le dino 3D, sans oublier d'ajouter un nuage de poussière virtuelle devant ses pattes pour l'intégrer parfaitement au paysage réel.

Textes et photos tirés de *Un siècle d'effets spéciaux* © Pascal Pinteau / *Science & Vie Junior* n° 184, janvier 2005

1 De qui parle-t-on, dans cet article, quand on dit « les magiciens du cinéma » ?

2 Quelles sont les différences entre les premiers effets spéciaux et les plus modernes ?

3 Vous aimez les films à effets spéciaux ? Quels sont les meilleurs, d'après vous ?

Pour faire le pint

COMMUNICATION

Donner son opinion sur des émissions de télé

- Quelle bêtise, je ne comprends pas qu'on puisse dire ça à la télé !
- C'est vraiment débile, ce truc !
- Cette campagne anti-tabac, c'est impressionnant !
- Je ne supporte pas toute cette violence !
- Moi, ça m'intéresse, ce film !

> **OUTILS**
>
> **L'opinion**
> À mon avis, / D'après moi, / Selon moi, / Pour moi, il ne viendra pas.
>
> **Forme affirmative → indicatif**
> Je pense que tu as raison. Je crois que c'est mauvais.
>
> **Forme négative → subjonctif**
> Je ne pense pas qu'il soit là. Je ne crois pas qu'elle ait le temps.

Donner un argument contraire

Tu choisis TV5 ; moi, par contre, / au contraire, / en revanche, je préfère la 2.

Indiquer la possession

- Tu m'as piqué mon jean !
- Ton jean ? Mais pas du tout. C'est le mien !

> **OUTILS**
>
> **Les pronoms possessifs**
> **Un seul objet**
> masculin → le mien, le tien, le sien, le nôtre, le vôtre, le leur
> féminin → la mienne, la tienne, la sienne, la nôtre, la vôtre, la leur
>
> **Plusieurs objets**
> masculin → les miens, les tiens, les siens, les nôtres, les vôtres, les leurs
> féminin → les miennes, les tiennes, les siennes, les nôtres, les vôtres, les leurs

Faire des prévisions sur le temps

Un ciel couvert avec de belles éclaircies règnera toute la matinée.
Des orages éclateront.
Le temps sera variable avec des averses.

> **OUTILS**
>
> **La météo**
> le soleil   des éclaircies   nuageux
> couvert   des averses   un orage
> le vent   le brouillard   le verglas
> la neige   la pluie / la bruine
>
> **Le futur (révision)**
> souffler → soufflera, finir → finira, couvrir → couvrira, pouvoir → pourra, avoir → aura, être → sera

Raconter une expérience passée

Il faisait très chaud et, tout à coup, l'orage a éclaté.

> **OUTILS**
>
> **Imparfait ou passé composé ?**
> **Imparfait**
> Tous les matins / Tous les jours, on allait à la plage.
> D'habitude / En général, nous faisions du surf.
> Autrefois / Avant / Il y a 100 ans, le surf n'existait pas.
>
> **Passé composé**
> Un matin / Hier / Cet été, on a eu très peur.
> Tout à coup / Soudain, le vent s'est levé.

CIVILISATION

Un siècle d'effets spéciaux.

TÂCHE GLOBALE

Test d'expression orale : Êtes-vous capable de... ?

▶ **Discuter et défendre votre point de vue**

1 Tout à fait d'accord ? Pas du tout ? Réagissez à ces affirmations et défendez votre point de vue !

LA TÉLÉRÉALITÉ, C'EST DE LA TÉLÉPOUBELLE !

Les émissions sportives sont très insuffisantes !

La télé a un rôle éducatif

Zapper stimule l'imagination et la compréhension des enfants

/ 10

▶ **Indiquer la possession à l'aide d'un pronom possessif**

2 Imaginez les commentaires et les questions du présentateur sur ces chiens et sur leurs aptitudes, puis les commentaires de leurs propriétaires.

/ 10

▶ **Décrire le temps qu'il fait**

3 Dans l'ascenseur, vous rencontrez votre voisin du 7ᵉ. Vous commentez les brusques changements de temps entre hier et aujourd'hui. Jouez la scène.

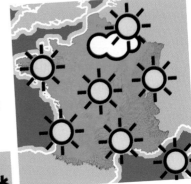

/ 5

▶ **Raconter un événement au passé**

4 Vous avez lu la presse du cœur. Vous savez tout maintenant sur eux deux : où ils se sont rencontrés, quand, comment, dans quelles circonstances... Racontez leur histoire.

COUP DE FOUDRE ! ANTOINE ET ÉLODIE NE CACHENT PLUS LEUR AMOUR !

Antoine et Élodie Jouvent, la jeune journaliste de Paris-Flash à la sortie de Chez Maxim's.

/ 10

SCORE : / 35

Test de compréhension orale :

On parle de cinéma
Cahier d'exercices, page 52.

Module 5

DANS CE MODULE...

- Vous proposez des idées pour améliorer votre environnement.
- Vous exprimez des besoins, des souhaits et vous faites des suggestions.
- Vous imaginez votre comportement dans une situation difficile.
- Vous racontez le parcours professionnel de quelqu'un.
- Vous découvrez la théorie des huit intelligences.
- Vous vous préparez pour un entretien d'embauche.
- Vous vous entraînez à écrire.

VOUS UTILISEZ...

- Les formes typiques de la langue parlée : *euh, bon, hein !...*
- Le conditionnel.
- Les expressions temporelles : *il y a, pendant, depuis, dans...*
- Le lexique du monde du travail.

- Proposer des idées pour améliorer son environnement
- Exprimer des besoins, faire des suggestions, formuler des souhaits

Ma ville, ça me regarde !

**Votre ville ou village vous plaît ? Aimeriez-vous vivre ailleurs ?
Qu'aimeriez-vous améliorer ou changer ?
Voici les questions posées à Charlotte, une lycéenne de seize ans.**

1 **Écoutez l'interview.** Qu'est-ce qui plaît surtout à Charlotte ? Qu'est-ce qu'elle voudrait changer ?

2 **Quelles sont ses propositions ?** Aidez-vous des photos pour retrouver ses réponses.

3 **Quelle idée de Charlotte vous semble la meilleure ?**

4 **Dans cette liste, il y a quatre propositions qui ne sont pas de Charlotte.** Réécoutez l'interview pour les trouver.

1) J'aiderais les SDF.

2) On pourrait s'occuper des personnes âgées.

3) Je mettrais partout des ordinateurs gratuits.

4) Il faudrait pouvoir utiliser les installations sportives de l'école le week-end.

5) Je construirais des centres pour les jeunes.

6) J'aimerais qu'il y ait plus d'espaces verts pour qu'on puisse s'allonger sur les pelouses.

7) On pourrait rouler tranquillement en vélo.

8) Tous les transports seraient gratuits.

9) Tous les jours seraient comme le jour de la fête de la musique.

10) Toute la ville se transformerait la nuit en piste pour les rollers.

Pour bien prononcer

COMMENT PARLE-T-ON AU QUOTIDIEN ?

- Hésitations : **Euh, euh… mm…**
- Interjections : **Hein ! Bon ! Zut !…**
- Interruptions, phrases non terminées.
- Reprises, retours en arrière.
- Abréviations : **récré…**
- Mots béquilles : **tu vois, en fait…**
- Mots passe-partout : **truc, chose, machin…**

 Réécoutez Charlotte et relevez les traits typiques de la langue parlée (formes, élocution…).

POUR MIEUX COMMUNIQUER À L'ORAL

Si vous ne trouvez pas un mot, aidez-vous des synonymes ou faites des gestes. Ne vous inquiétez pas si vous commettez des erreurs ! À certains moments, être trop perfectionniste risque de vous bloquer.

Observez et analysez

LE CONDITIONNEL
Emploi :
Pourriez-vous répondre à quelques questions ?
J'aimerais avoir moins d'heures de cours.
Les étudiants auraient plus de temps libre.
Tous les mois, nous pourrions faire une sortie.

A Quelle phrase correspond à une demande polie ? à un souhait ? à un fait imaginaire ? à une suggestion ? Trouvez d'autres exemples.

Conjugaison :
je mettrais
tu mettrais
il / elle / on mettrait
nous mettrions
vous mettriez
ils / elles mettraient

Autres verbes :
je serais, je ferais…
je voudrais, je viendrais, j'irais…

B Quel temps verbal a les mêmes terminaisons ? et le même radical ?

5 **Que feriez-vous pour améliorer votre ville ? votre quartier ?** Faites une liste de vos besoins et souhaits puis exposez-les à vos camarades.

Pour vous aider

EXPRIMER DES BESOINS
- On a besoin de…
- On manque de…
- Il manque des…
- Les … ne suffisent pas.
- Il n'y a pas assez de…
- Il nous faut / faudrait…

EXPRIMER DES SOUHAITS
- On devrait…
- Il faudrait que…
- J'aimerais que…
- Je voudrais que…
- Je souhaiterais que…
- Il devrait y avoir…

- Faire des hypothèses
- Imaginer son comportement dans une situation difficile

Test : Que feriez-vous dans cette situation ?

1 **Écoutez et répondez.** Qui explique ce test ? Où ? À qui ? Quelles sont les réponses proposées ?

> J'ai trouvé un test super !

> Si j'étais le conducteur, je prendrais la dame âgée et je l'emmènerais à l'hôpital.

> Moi, si j'étais la conductrice, je demanderais...

> Moi, si j'étais le propriétaire, je...

Aucun de ces jeunes n'a trouvé la solution ! Et vous ?

Observez et analysez

EXPRIMER UNE HYPOTHÈSE

Si j'accepte ce travail, tout ira mieux. Si j'acceptais ce travail, tout irait mieux.

A Laquelle de ces deux hypothèses a le plus de chances de se réaliser ?

B Quel est le temps employé dans chaque cas ? Comparez avec votre langue.

2 Jeu énigme. Voilà le test qu'un cabinet de recrutement de personnel a fait passer à deux cents candidats. Il s'agit de trouver la meilleure solution à ce problème.

> Un soir, assez tard, en plein milieu d'une terrible tempête, vous rentrez chez vous au volant de votre voiture. Devant un arrêt de bus, trois personnes vous font signe de vous arrêter.
>
> **a)** Une dame âgée malade qui doit se rendre à l'hôpital.
>
> **b)** Un médecin, bon ami à vous, qui vous a sauvé la vie il y a quelques années.
>
> **c)** L'être le plus charmant qu'on puisse imaginer. En définitive, la personne de vos rêves.
>
> Le problème, c'est que votre voiture de sport n'a que deux places, donc vous pouvez seulement prendre un passager avec vous.

> ## Que feriez-vous si vous étiez le conducteur ou la conductrice ?
>
> Réfléchissez bien :
>
> **a)** Si la dame âgée ne va pas à l'hôpital, elle peut mourir.
>
> **b)** Si le médecin qui vous a sauvé la vie voit que vous l'abandonnez, vous perdez un ami.
>
> **c)** Si vous abandonnez la personne de vos rêves, vous perdez l'espoir d'être heureux /se !

Et si on jouait au portrait chinois ?

3 Écoutez ces jeunes. Si c'était une couleur… ce serait le bleu ! Si c'était une ville… ce serait New York.

4 Maintenant, à vous de jouer ! L'un(e) d'entre vous pense à une personne de la classe, les autres devinent de qui il s'agit !

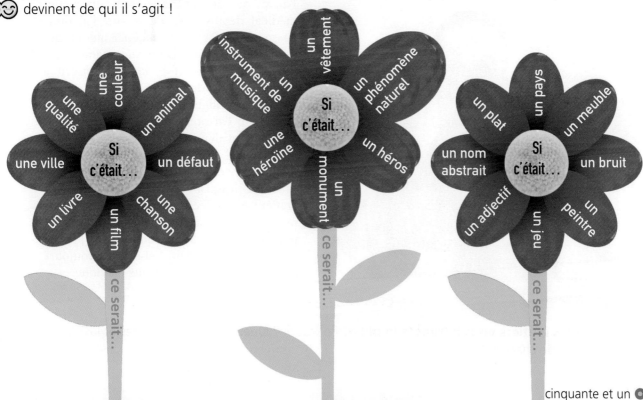

Métiers passion

1 **Écoutez et prenez des notes sur le parcours professionnel de ces jeunes.**

2 **Réécoutez et lisez le témoignage de ces deux professionnels.** Quelles informations ne figurent pas dans les textes ?

STÉPHANIE, fleuriste

Ce matin, je me suis levée à 3 h 30 pour faire mes achats de fleurs en gros. De retour au magasin, j'ai tout préparé avant l'ouverture à 9 h. Pendant la journée, j'ai eu beaucoup de choses à faire : composer des bouquets, servir et conseiller les clients, la comptabilité… Je suis restée à la boutique jusqu'à 20 h. Ce qui est intéressant dans ce métier, c'est qu'on est à la fois commerçant et artiste. Je dois travailler le samedi et certains jours fériés mais, malgré ces horaires, je ne regrette pas d'avoir choisi cette profession. Autour de moi, tout est beau…

SYLVAIN, sage-femme

J'ai su que je voulais exercer un métier médical depuis l'âge de 8 ans. J'ai donc passé un Bac S et j'ai commencé mes études de médecine. Après la deuxième année, j'ai changé de filière et je me suis inscrit à l'école de sages-femmes. On m'a dit que ce n'était pas évident pour un garçon mais j'ai tenu bon. J'ai obtenu mon diplôme il y a trois ans et depuis, je travaille à l'hôpital. Mon travail consiste à accompagner les femmes enceintes depuis le début de la grossesse jusqu'à l'accouchement. Une fois l'enfant né, j'effectue l'examen pédiatrique, puis la surveillance de la maman et du bébé pendant les deux heures qui suivent. J'adore ça. La naissance d'un bébé, c'est toujours un moment très fort et même magique.

3 **Lequel de ces métiers vous intéresse le plus ?** Pourquoi ? Quels sont les avantages et les inconvénients de chacun d'entre eux ?

4 Laëtitia, la passion de l'information. Écoutez la journaliste Laëtitia Markovitch qui parle de son métier.

5 Répondez à ces questions.

1) Depuis quand Laëtitia adore-t-elle communiquer avec les autres ?
2) Pendant combien de temps a-t-elle poursuivi sa famille avec son micro ?
3) Depuis quand est-ce qu'on ne lui offre que des livres ?
4) Quand a-t-elle fait plein de petits boulots ?
5) Quand a-t-elle fini ses études ?
6) Il y a combien de temps qu'elle travaille à l'ONU ?

Pour vous informer sur d'autres professions, visitez les sites www.letudiant.fr/metiers.html ou www.jetudie.fr

Observez et analysez

L'EXPRESSION DE LA DURÉE

DEPUIS LE DÉPART

JUSQU'À L'ARRIVÉE

Il est parti il y a trois heures.
Depuis qu'il est parti, il pleut.
Il roule depuis trois heures.
Il y a trois heures qu'il roule.
Ça fait trois heures qu'il roule.
Pendant le trajet, les voyageurs dorment.
Il arrivera dans une heure à Genève.
Il va rouler à grande vitesse jusqu'à Genève.

A Observez les expressions temporelles utilisées.

B Repérez les temps verbaux qui accompagnent ces expressions.

C Comparez avec les formules employées dans votre langue.

D Cherchez d'autres exemples sur la page précédente.

6 Mireille, professeur de musique. Reconstruisez le parcours professionnel de Mireille à l'aide de la fiche ci-dessous. Utilisez *depuis, pendant, pendant que, à + âge, ça fait... que, jusqu'à...*

- **1985 :** naissance à Charleroi.
- **Études :** baccalauréat en 2003. Conservatoire de musique (de 2003 à 2008). Elle rêve de devenir chanteuse.
- **Langues :** français (langue maternelle), anglais et chinois.
- **Expérience professionnelle :** remplacements dans un supermarché. Traductrice anglais-français. Professeur dans une école de musique.
- **Informations complémentaires :** souhaiterait créer sa propre école de musique orientée vers la musique chinoise.
- **Voyages :** Angleterre, Chine.

Doc Lecture — L'intelligence multiple

LA THÉORIE DES HUIT INTELLIGENCES

Selon cette théorie, le cerveau a huit façons de faire fonctionner ses deux hémisphères. Il choisit la plus adaptée en fonction des informations qu'il reçoit et des problèmes à résoudre.

Nous disposons tous de ces diverses possibilités, mais avons-nous essayé de les développer toutes ?

Utiliser les mots appropriés, les constructions grammaticales correctes, manier la métaphore, avoir le sens de la rime... Si vous êtes doué(e) pour ça, vous le devez à votre **intelligence verbale**, celle des poètes, des écrivains, des avocats, des journalistes et de tous les beaux parleurs.

Maniement des nombres, des symboles, analyse des causes d'un problème, classement, déduction des conséquences : **l'intelligence logico-mathématique** est surdéveloppée chez le matheux, le scientifique ou encore le champion d'échecs.

L'intelligence musicale permet d'analyser et de retenir les sons, de juger leur hauteur, de sentir le rythme et la mélodie d'une musique. Indispensable pour devenir chanteur, musicien, chef d'orchestre, ingénieur du son et, surtout, compositeur.

L'intelligence visuo-spatiale vous permet de « voir » des objets imaginaires dans votre tête, de les manipuler virtuellement, mais aussi de vous repérer dans l'espace ou de mémoriser un itinéraire. Les navigateurs, géographes, architectes, artistes peintres ou sculpteurs en ont à revendre.

L'intelligence du corps : chez le mime qui imite vos gestes, le sportif ou la danseuse, elle est béton ! Même chose pour tous ceux qui font un travail exigeant de la minutie, tels les chirurgiens, les tireurs d'élite, les joailliers.

Par **intelligence intra-personnelle**, on désigne la capacité à savoir ce qui est vrai en soi-même, à ne pas se leurrer sur ce qu'on ressent, à évaluer ses points forts et à sentir ses limites. Typiquement celle du sage, du philosophe ou encore du psychanalyste.

Observer, repérer les détails, établir des catégories pour classer des animaux, des roches, des végétaux... sont des manifestations de **l'intelligence naturaliste**. Développée chez les botanistes, zoologistes, archéologues, et particulièrement chez les peuples qui vivent encore au contact de la nature.

Doué(e) d'**intelligence interpersonnelle**, vous prévoyez les réactions de ceux qui vous entourent et vous adaptez votre attitude en fonction : vous voilà bon dirigeant, entraîneur ou professeur. Indispensable dès qu'il s'agit de travailler en groupe. Bien pratique dans des métiers de négociation comme commercial, vendeur, avocat.

© Sylvie Redon Clauzard / *Science & Vie Junior*, Hors Série n° 56, avril 2004

1 D'après vous, quelles sont vos intelligences dominantes ?

2 Aimeriez-vous développer d'autres intelligences ? Lesquelles ? Pour quoi faire ? Comment vous y prendre ?

Pour faire le p**O**int

Exprimer des besoins

On a besoin d'arbres.
On manque de bancs. / Il manque des bancs.
Les espaces publics ne suffisent pas.
Il n'y a pas assez d'autobus.
Il nous faut / faudrait une salle de concert.

Exprimer des souhaits

On devrait organiser une réunion.
Il faudrait que la Mairie nous écoute.
J'aimerais que la bibliothèque ouvre le samedi.
Je voudrais que les jeunes participent.
Je souhaiterais que le cinéma soit gratuit.
Il devrait y avoir plus de poubelles en ville.

Exprimer une demande polie

Pourriez-vous m'aider, s'il vous plaît ?

Faire des suggestions

Nous pourrions sortir ce week-end.

Exprimer des faits imaginaires

Tous les transports seraient gratuits.
J'installerais des ordinateurs dans la rue.

> OUTILS
> **Le conditionnel**
> *Mettre* : je mettrais, tu mettrais, il / elle / on mettrait, nous mettrions, vous mettriez, ils / elles mettraient
>
> Autres verbes : *être* → je serais, *faire* → je ferais, *vouloir* → je voudrais, *venir* → je viendrais, *aller* → j'irais

Faire des hypothèses

Si j'accepte ce travail, tout ira mieux.
(Si + présent + futur)

Si j'acceptais ce travail, tout irait mieux.
(Si + imparfait + conditionnel)

Raconter le parcours professionnel de quelqu'un

Une fois terminé son DESS en Eurojournalisme, elle a fait beaucoup de stages. Elle a aussi travaillé en *free-lance* pour des revues et elle a finalement décroché le poste de sa vie à l'ONU.

Exprimer la durée

Depuis quand le train est-il parti ?

> OUTILS
> **L'expression de la durée**
> **(depuis le départ, jusqu'à l'arrivée)**
> Il est parti il y a 3 heures.
> Depuis qu'il est parti, il pleut.
> Il roule depuis 3 heures.
> Il y a 3 heures qu'il roule.
> Ça fait 3 heures qu'il roule.
> Pendant le trajet, les voyageurs dorment.
> Il arrivera dans une heure à Genève.
> Il va rouler à grande vitesse jusqu'à Genève.

Comment parle-t-on au quotidien ?
• Hésitations : Euh…, euh… Mm…
• Interjections : Hein ! Bon ! Zut !…
• Interruptions, phrases non terminées.
• Reprises, retours en arrière.
• Abréviations : récré…
• Mots béquilles : tu vois, en fait…
• Mots passe-partout : truc, chose, machin…

L'intelligence multiple.

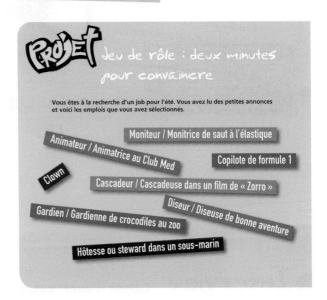

PROJET Jeu de rôle : deux minutes pour convaincre

Vous êtes à la recherche d'un job pour l'été. Vous avez lu des petites annonces et voici les emplois que vous avez sélectionnés.

Moniteur / Monitrice de saut à l'élastique
Animateur / Animatrice au Club Med
Copilote de formule 1
Clown
Cascadeur / Cascadeuse dans un film de « Zorro »
Diseur / Diseuse de bonne aventure
Gardien / Gardienne de crocodiles au zoo
Hôtesse ou steward dans un sous-marin

Test d'expression orale : Êtes-vous capable de... ?

▪ **Faire des hypothèses. Signaler des inconvénients ou des manques. Proposer des améliorations. Exprimer des souhaits.**

1 Vous vous proposez comme délégué(e) de classe. Expliquez votre programme.

1. Problèmes : pas d'espaces pour se réunir, peu de cours pratiques, peu d'activités et de sorties, peu de DVD et de CD à la bibliothèque...

2. Améliorations : élargir les horaires d'ouverture de la bibliothèque, gymnase ouvert pour les élèves après les cours, établir le calendrier d'examens dès le début du trimestre...

3. Suggestions : établir un roulement de responsabilités à l'intérieur de la classe : journal de bord, cahier de textes collectif... Supervision de la propreté de la classe. Coin décoration. Sortie collective une fois par mois. Médiathèque interne : livres, jeux, DVD, films, BD, musique (prêtés par les élèves)... Demander l'aide du professeur.

/ 15

▪ **Raconter un parcours professionnel. Exprimer le temps et la durée.**

2 Faites des suppositions sur le parcours professionnel de Mila.

25 ans – célibataire
Lima (Pérou)
Secrétaire
Licence de lettres
(Universidad católica de Lima)
Technicienne de surface
(Lycée Georges-Brassens, Sète)
Études en cours :
kinésithérapeute, formation
professionnelle

1) Que faisait-elle avant ?
2) Depuis quand est-elle en France ?
3) Il y a combien de temps qu'elle travaille au lycée ? Jusqu'à quand pense-t-elle exercer ce métier ?
4) Que fait-elle en ce moment ?
5) Pendant combien de temps a-t-elle été secrétaire ?

/ 5

3 Mila a beaucoup de projets. Racontez-les.

/ 5

4 Et vous, quel métier aimeriez-vous faire ? Pourquoi ?

/ 5

SCORE : / 30

Test de compréhension orale :

🔘 *Interview* **Cahier d'exercices, page 64.**

Module 6

Module 6 Leçon 1
■ Interpréter les résultats d'un sondage
■ Parler de soi, de ses réactions

En votre âme et conscience

1 **Voici les résultats d'un sondage qui fait apparaître différentes réactions face à une situation embarrassante.** Lisez les questions et les résultats, puis répondez à votre tour, le plus sincèrement possible. À bas les masques !

SONDAGE

1 **À la caisse d'un magasin, on vous rend la monnaie et on se trompe à votre avantage. Que faites-vous ?**

a Je le signale tout de suite : 29 %
b Je ne vérifie jamais la monnaie qu'on me rend : 21 %
c Je m'en vais sans rien dire : 17 %
d Je rougis et bafouille en ramassant chaque pièce : 13 %
e Je demande à voir un responsable pour signaler cette erreur : 7 %
f Je recompte avec attention pour montrer qu'il y en a trop : 5 %
g Je prends seulement la monnaie qui m'est due et je laisse le reste : 5 %
h Je ramasse très vite la monnaie et je pars en courant : 3 %

2 **Vous êtes chez une amie, dans le salon. Le téléphone sonne et elle va répondre dans une autre pièce. C'est à ce moment-là que, sans le faire exprès, vous faites tomber un petit objet en céramique, qui se casse. Que faites-vous ?**

a Vous allez chercher votre amie pour lui demander quoi faire : 27 %
b Comme personne ne vous a vu(e), vous mettez quelques morceaux dans votre poche et le reste sous l'armoire : 26 %
c Vous ne touchez à rien et quand elle revient, vous lui expliquez le problème : 21 %
d Vous cherchez, sans aucun scrupule, sur qui décharger votre culpabilité : 4 %
e Vous ramassez tous les morceaux et les remettez là où était l'objet : 3 %
f Vous ne touchez à rien et, quand elle revient, vous faites l'étonné(e) : 3 %
g Autres réactions : 16 %

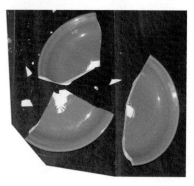

Sondage extrait du site www.momes.net

2 **Interprétez les réponses à la première question.**
Lisez ces affirmations et dites si elles sont vraies ou fausses.

1) Tout le monde est honnête.
2) À peu près un quart des personnes interrogées ne vérifie pas la monnaie qu'on lui rend.
3) Très peu de personnes demanderaient à voir le responsable.
4) Quelques-un(e)s partiraient sans rien dire.
5) Personne ne signalerait l'erreur.
6) La plupart ramasserait la monnaie et partirait en courant.

3 **Proposez d'autres situations qui pourraient poser certains problèmes de conscience.**

4 **Observez ces photos et décrivez-les.** D'habitude, comment réagit-on devant ces situations ?

Utilisez : la plupart des gens, tout le monde, on, quelques personnes, aucun, personne...

Et vous, que faites-vous ? pourquoi ?

Pour vous aider

COMMENTER LES DIFFÉRENTES RÉACTIONS DES GENS

La plupart des gens…
Presque tout le monde…
En général, on…
Seulement une petite minorité… } ferait ceci ou cela.

Quelques-un(e)s pensent que…
Pour certain(e)s, il est tout à fait normal de / que…
Pour d'autres, c'est le contraire.

Quelques adjectifs et pronoms indéfinis

ADJECTIFS	PRONOMS
chaque jour / chaque année	Chacun(e) apporte son livre.
aucun livre / aucune revue	Aucun(e) n'a répondu.
quelques exemples	Quelques-un(e)s pensent ça.
certains commentaires / certaines opinions	Quelqu'un a dit que c'était vrai.
un autre jour / une autre fois / d'autres personnes	Certain(e)s disent le contraire.
plusieurs garçons / filles	J'en connais un autre / une autre / d'autres.
	Il y en a plusieurs ici.

5 **Faites des commentaires en utilisant les adjectifs et les pronoms du tableau.**

Module 6 Leçon 2
- Interpréter et comparer des tableaux
- Reconnaître le passé simple à l'écrit

Regards dans un regard

1 Coup d'œil rapide. Observez ces tableaux. Ont-ils des points en commun ? lesquels ?

2 À quel tableau correspond chacun de ces titres ?

A

1) Personnage à la fenêtre (1925)
2) Le pont en fer (1879)
3) La blanchisseuse (1888)
4) Le voyageur au-dessus des nuages (1818)

3 Lisez ces notices biographiques et retrouvez qui a peint chaque tableau.

Friedrich, Caspar David
(Greifswald, près de Stralsund, 1774 - Dresde, 1840, Allemagne)

Peintre romantique. Il peignait souvent la solitude de l'homme face à l'immensité de la nature. Ses décors intemporels représentent souvent des reliefs sauvages, des étendues marines, des ruines ou des crépuscules d'où émane une grande spiritualité.

Dalí, Salvador
(1904 - 1989, Figueres, Espagne)

C'est un des artistes les plus extravagants de l'art du XXᵉ siècle. À partir de 1929, il devint l'un des représentants les plus enthousiastes du mouvement surréaliste. À cette même époque, il rencontra Gala, l'inspiratrice de son œuvre. Dalí évoque dans ses tableaux ses visions et ses rêves ; sa peinture peut être réaliste, symbolique ou subversive.

Toulouse-Lautrec, Henri de
(Albi, 1864 - Malromé, en Gironde, 1901, France)

À la suite de deux accidents qui l'empêchèrent de grandir, Toulouse-Lautrec se consacra à la peinture. En 1881, il se déplaça à Paris où il peignit des personnages de son entourage et surtout, des scènes de music-hall. Il est aussi considéré comme un des pères de l'affiche.

Caillebotte, Gustave
(Paris, 1848 - Gennevilliers, 1894, France)

Ingénieur et peintre, Caillebotte fut ami et mécène des impressionnistes. Actuellement, sa collection particulière est réunie au musée d'Orsay à Paris. Sa peinture représente des thèmes originaux avec des perspectives et des compositions inhabituelles pour son époque.

Le passé simple (sensibilisation)

Observez les verbes signalés en rouge.
Ils sont conjugués au passé simple, un temps fréquent à l'écrit (en littérature et dans les récits historiques, en particulier).
À l'oral, on utilise le passé composé.

B

D

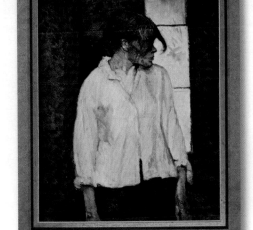

C

4 **Choisissez un de ces tableaux.** D'après vous…

1) La scène se passe à quelle époque ? À quel endroit ?
2) Quel est le personnage principal ? Imaginez son identité, sa personnalité, son caractère, sa profession…
3) Depuis quand se trouve-t-il à cet endroit ? Pourquoi ? Que fait-il ? Que regarde-t-il ?
4) Que traduit son attitude ? (surprise ? rêverie ? concentration ? curiosité ? admiration ?)
5) Quelles sont ses réflexions ? ses sentiments ? son état d'esprit ?

5 **Exposez vos hypothèses à vos camarades.**
Sont-ils tous d'accord ? Justifiez vos opinions et discutez-en.

6 **Jeu d'observation.** Pouvez-vous retrouver à quel tableau appartient chaque fragment ?

1)    2)   3)    4)

7 **Présentez un poster ou une affiche que vous aimez bien à vos camarades !**

Pour vous aider

TROUVER DES RESSEMBLANCES

- Tous les deux…
- L'un et l'autre sont…
- Ils / Elles ont les mêmes…
- C'est pareil (identique) / semblable.

DÉCRIRE SUBJECTIVEMENT

- On dirait que… Cela fait penser à…
- Cela me suggère… Cela me fait penser à…
- Peut-être que…
- C'est probablement… C'est sans doute…
- Il est possible / probable que…

Diversité

Histoires insolites

Suite et fin

Le loup était bien vieux, maintenant, et si fatigué ! Pendant des années, il s'était épuisé à courir après les trois petits cochons, sans jamais les attraper. Maintenant, il pouvait à peine marcher et ne se déplaçait plus qu'en fauteuil roulant.

Les trois petits cochons aussi avaient vieilli. Mais eux, ils avaient eu la belle vie, bien à l'abri dans leur maison de brique. Ils avaient toujours mangé à leur faim et ils étaient encore roses et gras.

Seulement, pendant toutes ces années, la ville n'avait cessé de grandir et de se rapprocher de la forêt où ils habitaient. Et à trois pas de chez eux, sans qu'ils s'en doutent, on avait construit un centre commercial avec une boulangerie, un bureau de tabac, une pharmacie et une boucherie-charcuterie.

Un beau matin, alors qu'ils faisaient des galipettes dans leur jardin, le boucher les aperçut. Aussitôt, il téléphona à l'abattoir et, deux heures plus tard, les trois petits cochons étaient passés de vie à trépas.

Depuis, tous les jours, le loup s'en va, en fauteuil roulant, à la boucherie et achète trois tranches de jambon, trois côtelettes et trois saucissons. Pur porc.

Nouvelles histoires pressées. Bernard FRIOT
© Éditions Milan, 1992

1 Écoutez et lisez l'histoire.

1) À quel conte vous fait-elle penser ?
2) Justifiez le titre. Proposez-en un autre.

POUR MIEUX FAIRE UN RÉSUMÉ

Un bon résumé contient toutes les idées essentielles du document d'origine. En général, il occupe environ 1 / 3 de la longueur de ce dernier. Dans un résumé, vous ne devez jamais donner vos opinions personnelles.

2 Réécoutez le texte et lisez-le à haute voix en imitant les intonations.

Le plus-que-parfait (sensibilisation)

Dans l'histoire « Suite et fin », observez les verbes signalés en rouge. Ils sont au plus-que-parfait. C'est un temps qu'on utilise pour indiquer une action antérieure à une autre dans le passé (à l'imparfait ou au passé composé).

Programme

Son père était psychologue, sa mère ingénieur en informatique. Ensemble, ils avaient créé un programme pour son éducation. Tout était prévu : le poids en grammes pour chaque ration d'épinards ; l'heure à laquelle il devait se coucher le samedi 3 juillet ; les baisers et les câlins auxquels il avait droit (2,1 baisers par jour en moyenne ; 4,3 les jours de fête) ; la couleur des chaussettes qu'il porterait le jour de ses huit ans...

Tous les matins, l'ordinateur le réveillait en chantant un peu faux : « Réveille-toi, petit homme », puis lui annonçait le programme de la journée.

Il obéissait sans peine, suivait sans rechigner les instructions. Il était programmé pour ça, après tout. Une seule chose le gênait : de temps en temps, l'ordinateur annonçait : « Aujourd'hui, 16 h 32 : bêtise. »

Ses parents savaient qu'un enfant normal, parfois, fait des bêtises. « C'est inévitable, disaient-ils, et même indispensable à son équilibre. »

Lui, il avait horreur de ça. Pas tellement parce que, ensuite, on le grondait. Il sentait bien que ses parents faisaient semblant de se fâcher et qu'ils étaient fiers, en réalité, quand il imaginait une bêtise originale. Mais, justement, c'était ça qui était difficile. Il n'avait pas d'imagination et devait se torturer la cervelle pour inventer, chaque fois, une bêtise nouvelle. Il avait électrifié la poignée de la porte d'entrée, un soir où ses parents avaient organisé une grande réception. Il avait lâché des piranhas dans la piscine, pendant que sa grand-mère se baignait. Il avait transformé le fauteuil de son instituteur en siège éjectable. Et bien d'autres choses encore.

Mais, maintenant, il était à court d'idées. Il ne savait vraiment plus quoi inventer. Alors, ce matin-là, quand l'ordinateur annonça : « Aujourd'hui, 7 h 28 : bêtise », il réfléchit désespérément. Et, juste à temps, il trouva la seule bêtise qui lui restait à faire.

Il s'assit devant l'ordinateur, appuya sur toutes les touches, donna des milliers d'instructions et détruisit, à tout jamais, le programme qui l'éduquait.

Nouvelles histoires pressées. Bernard FRIOT © Éditons Milan, 1972

3 **Lisez le début des quatre premiers paragraphes.** Que comprenez-vous avec ces seules informations ?

4 **Lisez le texte en entier.**

1) Quel est le personnage principal ?
2) Quelle idée ses parents ont-ils eue pour son éducation ?
3) Comment l'ordinateur intervient-il dans sa vie ? Citez trois de ses consignes.
4) Vous connaissez le mot « bêtise », utilisé 6 fois ?
5) L'enfant est-il toujours docile ? Justifiez votre réponse.

5 **Observez les temps employés.**

1) Repérez, dans les deux derniers paragraphes, les verbes qui ne sont pas à l'imparfait. Expriment-ils une action présente, future ou passée ? Retrouvez l'infinitif de chacun. Par quel temps pouvez-vous les remplacer ?
2) Justifiez l'emploi des différents temps dans le 5e paragraphe.

Doc Lecture Voyager utile

Vous en avez marre de bronzer idiot sur une plage ? Pourquoi ne pas mettre à profit votre prochain voyage pour entreprendre une action « utile » ?

VOLONTAIRE DE LONGUE DURÉE

Enseigner la lecture aux Pygmées du Cameroun, former des infirmières dans les villages de Colombie, éduquer de jeunes orphelins dans les bidonvilles de Brazzaville... les fonctions occupées par les volontaires de longue durée sont multiples et passionnantes. Elles tournent principalement autour des métiers de la santé, de l'enseignement, de l'agriculture, de la construction et de l'artisanat. La durée de leur mission est en moyenne de deux ans.

VOLONTAIRE DE COURTE DURÉE

Vous ne voulez pas vous engager trop longtemps ? Vous pouvez vous orienter vers un mode de volontariat dont la durée est en général comprise entre quelques semaines et six mois.
Sous cette appellation « courte durée », il y a deux types de missions :
- Des missions de développement. Il s'agira, par exemple, d'aller conseiller pendant six semaines un groupe de jeunes maraîchers sénégalais qui souhaitent améliorer leur système d'irrigation.
- Des missions d'urgence. Il s'agira de participer aux opérations de premiers secours, suite à une catastrophe naturelle de type tremblement de terre ou cyclone.

BÉNÉVOLE SUR UN CHANTIER

Contrairement au volontariat dans une ONG, l'enthousiasme suffit pour participer à un chantier ! Ici, la taille du CV importe peu. En revanche, on vous demandera de travailler avec dynamisme et bonne humeur.
Généralement, un chantier rassemble, durant deux à trois semaines, une quinzaine de participants de 18 à 35 ans. C'est une excellente expérience de vie en communauté. Les conditions d'hébergement sont sommaires et vous devrez vous adapter aux modes de vie locaux.

VOLONTAIRE « FREE-LANCE »

Partir dans le cadre d'une association n'est pas la seule façon de vivre une expérience humanitaire à l'étranger. Au cours d'un voyage, de nombreuses opportunités peuvent se présenter. Les ONG locales ont souvent besoin de personnel temporaire. Enseigner bénévolement dans une petite école ou donner un coup de main dans un hôpital de province sont deux actions parmi d'autres qui peuvent être proposées.

Le guide du jeune voyageur, M. Lacouture, J. Lepère et M. Santenac
© Dakota Éditions, 2006

1 Quels sont les principales caractéristiques de chaque formule pour voyager « utile » ?

2 Aimeriez-vous partir à l'étranger pour entreprendre une action « utile » ? Sous quelle formule ? pourquoi ?

Pour faire le p⊙int

COMMUNICATION

Interpréter les résultats d'un sondage

21 % des personnes interviewées ne vérifient jamais la monnaie qu'on leur rend dans un magasin.

Commenter les différentes réactions des gens

En général, on…
Tout le monde…
La plupart des gens…
Presque tout le monde…
Un quart des personnes…
Seulement une petite minorité…
Très peu de personnes…

OUTILS

Quelques adjectifs et pronoms indéfinis
Adjectifs

chaque jour / chaque année ; aucun livre / aucune revue ; quelques exemplaires ; certains commentaires / certaines opinions ; un autre jour / une autre fois / d'autres personnes ; plusieurs garçons / filles

Pronoms

Chacun(e) apporte son livre. Aucun(e) n'a parlé.
Quelques-un(e)s pensent que c'est vrai. Quelqu'un a dit que c'était vrai. Certain(e)s disent le contraire.

J'en connais un autre / une autre / d'autres.
Il y en a plusieurs ici.

Trouver des ressemblances entre deux tableaux

Tous les deux sont de la même époque.
L'un et l'autre sont du même peintre.
Ils / Elles ont les mêmes traits.
C'est pareil (identique) / semblable.

Décrire subjectivement

On dirait que…
Cela me fait penser à…
Cela me suggère…
Peut-être que…
C'est probablement…
C'est sans doute…
Il est possible que…
Il est probable que…

Reconnaître le passé simple à l'écrit

À la suite de deux accidents qui l'empêchèrent de grandir, Toulouse-Lautrec se consacra à la peinture. Il se déplaça à Paris où il peignit des personnages de son entourage.

Reconnaître le plus-que-parfait

Le loup s'était épuisé à courir après les trois petits cochons.
Ils avaient vieilli aussi. Mais eux, ils avaient eu la belle vie, à l'abri dans leur maison de brique, et ils avaient toujours mangé à leur faim.

CIVILISATION

Voyager utile.

TÂCHE GLOBALE

Test d'expression orale : Êtes-vous capable de... ?

▪ Commenter et interpréter des données

1 Avec qui vivent les jeunes ? Voici quelques données qui se réfèrent à la structure familiale au Canada. Commentez-les en utilisant : *certains, quelques-uns, la plupart, la grande majorité de..., plusieurs...*

Deux parents	74 %
Mère seulement	12 %
Père seulement	2 %
Mère et beau-père	8 %
Père et belle-mère	2 %
Autres	2 %

Pensez-vous que cela se passe comme ça dans votre pays ?

/ 5

▪ Décrire subjectivement un tableau ou une photo

2 Choisissez une de ces photos.
À quoi vous fait-elle penser ? Qu'est-ce qu'elle vous suggère ?

/ 5

▪ Raconter une histoire

3 Racontez l'histoire de Mimi la fourmi et de Lucette la cigale.

/ 10

▪ Trouver et commenter des ressemblances

4 Comparez Mimi la fourmi et Lucette la cigale. Utilisez : *toutes les deux... ; l'une et l'autre sont... ; elles ont les mêmes... ; elles sont identiques, semblables...*

/ 5

SCORE : / 25

Test de compréhension orale :

Le pari Cahier d'exercices, page 72.

Transcriptions

On trouvera ici la transcription des enregistrements dont le texte ne figure pas dans les leçons, excepté celle des tableaux grammaticaux et de la phonétique et celle des tests, qui se trouvent dans le Livre du professeur.

MODULE 0

Retrouvailles. Page 4. Activité 3.
Mini-conversation 1

-Aïe Aïe !... Ouïeeeeeee !!! Ça fait mal, hein !
-Oh... Tu exagères...
-Mais si, regarde, c'est tout rouge, ça commence à gonfler. Aïe Aïe !!!
-Mais ce n'est rien...
-C'est peut-être un scorpion qui m'a piqué !!!
-T'inquiète pas ! Les petites bêtes ne mangent pas les grosses...

Mini-conversation 2

-Dis, comment dit-on « de merveilleuses vacances » en anglais ?
-« *Wonderful holidays* ».
-Et « J'ai passé » ?
-« *I spent* ».
-Dis, ça s'écrit comment, ça ?
-*S – p – e – n – t.*
-Tu peux répéter ?
-Écoute... tu ne peux pas me laisser tranquille cinq minutes... Les dictionnaires, ça existe hein !!!

Mini-conversation 3

-Oh là là... je suis crevé..., je n'en peux plus !
-Moi non plus, je n'en peux plus !
-Je crois que je vais abandonner... je reste ici...
-Écoute,... pourquoi on s'installe pas là-bas ? Regarde, (il) y a une espèce de grotte...
-Génial ! Enfin une vraie aventure...

MODULE 1

Galerie de personnages célèbres. Page 8. Activité 1.

-Bonjour les enfants !
-Bonjour madame...
-Chut. Un peu de silence, les enfants. Chut. Venez, installez-vous, ici... Asseyez-vous par terre... en rond... En rond, j'ai dit, c'est ça un rond ? Richard, assieds-toi, s'il te plaît... Bon... enfin...
-Madame..., qu'est-ce qu'on fait ???

MODULE 1

-Eh bien... aujourd'hui, nous allons écouter un compositeur génial.
-Mc Solaar ?
-Non. C'est un musicien du XVIIIᵉ siècle !
-Oh ! Il est vieux !!!
-Il passe à la télé ?
-Moi je sais, c'est Lilaldi...
-Non ce n'est pas Vivaldi. Aujourd'hui, il s'agit de Wolfgang Amadeus Mozart...
-Mozart... moi, je connais...
-Très bien... Wolfgang Amadeus Mozart... c'est un musicien du XVIIIᵉ siècle. Il est né à Salzbourg, en Autriche, en 1756. Il est donc autrichien et il est mort en 1791, assez jeune, quand il avait 35 ans... à Vienne. Mozart, c'est un enfant prodige...
-Qu'est-ce que ça veut dire « prodige » ?
-Eh bien, que Mozart est un petit génie ! À l'âge de 6 ans, il compose déjà de la musique !!! Bon, on va l'écouter tout de suite... Alors fermez bien vos yeux... et ouvrez bien vos oreilles...

Page 9. Activité 4.

1) Il a contribué au progrès de l'industrie alimentaire du XXᵉ siècle. Qui est-ce ?
2) Des milliers de personnes ont cherché le coupable dans ses romans. Qui est-ce ?
3) Il est né au XIIIᵉ siècle. Il a écrit un livre sur ses expériences. Qui est-ce ?
4) Elle est d'origine polonaise, elle est mariée à un grand scientifique. Qui est-ce ?
5) Le lait que nous buvons se conserve grâce à sa découverte. Qui est-ce ?
6) À l'âge de 6 ans, il compose déjà de la musique ! Qui est-ce ?

Page 9. Activité 5.

1) Je connais mieux la Chine que l'Italie, à présent.
2) Ce n'est pas parce qu'un problème n'a pas été résolu qu'il est impossible à résoudre.
3) Mes parents m'accompagnent partout quand je fais des concerts.
4) Les rayons X peuvent faciliter les opérations chirurgicales. Il faut créer des équipes radiologiques dans les hôpitaux.
5) J'ai éloigné de la solution les germes qui flottent dans l'air, j'ai éloigné d'elle la vie... car la vie, c'est le germe et le germe, c'est la vie...

Transcriptions

MODULE 1

À l'aéroport. Page 13. Activité 3.

-Bonjour madame. Je voudrais signaler la perte de ma valise !

-Ne vous inquiétez pas, madame, généralement on retrouve les bagages perdus dans les 48 heures !

-Oui, mais moi, j'en ai besoin maintenant ! Il y a mon agenda, à l'intérieur !

-Calmez-vous, madame, nous allons faire notre possible. D'abord, regardez bien ce dessin. Pouvez-vous reconnaître la forme de votre valise ?

-Elle est peut-être comme celle-ci... mais je ne suis pas sûre.

-Bon, je vais vous aider... On va essayez de remplir ce formulaire. Voyons... Combien mesure votre valise ?

-Ffffff... Je ne sais pas, moi... elle est plutôt grande... un mètre à peu près...

-Valise d'un mètre... Plus ou moins... Mmm... Bon, combien pèse-t-elle ?

-Heu... 14 kilos environ...

-15 kilos, plus ou moins. Mmmm... Bon, elle est de quelle couleur ?

-D'un bleu... Vous savez... une espèce de bleu turquoise... un peu gris avec des....

-Valise bleue... Elle est en cuir, votre valise ?

-Non, c'est une valise métallique avec des...

-C'est une valise rectangulaire ?

-Heu, oui... plus ou moins rectangulaire...

-Euh... Bon, écoutez madame, si on ne retrouve pas votre valise dans les 21 jours, vous serez remboursée.

-Mais je ne veux pas être remboursée, je veux ma valise !!!

MODULE 2

À la gare. Page 18. Activité 1.

1) -Je voudrais un aller simple Paris-Bordighera, vers 20 h, s'il vous plaît. Si c'est possible, une place à côté de la fenêtre...

2) -Monsieur, je n'ai pas eu le temps de composter mon billet ! Est-ce que je peux monter directement dans le train ?

3) -Oh, zut ! ce distributeur ne marche pas ! J'ai perdu un euro et je n'ai pas eu ma canette... Allons au bar, j'ai très soif.

4) -Pardon monsieur, j'ai raté mon train et je n'ai pas d'argent pour mon billet de retour. Vous n'auriez pas une pièce d'un euro à me donner ?

MODULE 2

5) -Appelle-nous dès que tu arriveras et...
   -Ne fais pas de bêtises !
   -Ça va, maman, ne t'en fais pas...

6) -Tu m'aides un peu à porter mon sac, s'il te plaît ?
   -Je t'avais dit de ne pas trop le charger. Maintenant, tu te débrouilles toute seule !
   -Merci ! C'est vraiment sympa !!!

7) « Le train en provenance de Lyon va bientôt entrer en gare, quai numéro 3, quai numéro 3. Messieurs et mesdames les voyageurs sont priés de se diriger vers le quai numéro 3, quai numéro 3.»

Page 19. Activité 6.

[...] Pardon monsieur,
Ça vous dérange,
La fumée ?
Mais oui, bien sûr.
C'est défendu.
C'est interdit.
C'est pas permis
D'fumer ici ! [...]

MODULE 3

Soirée interculturelle. Page 28. Activité 2.

-Salut ! Francesco !!!

-Salut ! Tu sais déjà ce que tu feras pour la soirée de samedi ?

-Bien sûr !!! Moi, c'est pas difficile : vu que je suis italien, il faut que je prépare une pizza ou des spaghettis !!! C'est comme vous, vous n'avez pas le choix, il faut que vous dansiez le flamenco !!!

-Ça ne va pas, non ?! Ce n'est pas parce qu'on est espagnoles qu'on sait danser le flamenco ! C'est une danse très difficile !

-Non, non, il faut qu'on trouve une autre chose ! une omelette aux pommes de terre ou un truc comme ça, tu crois pas ?!

-Mais non, c'est plus rigolo de danser le flamenco et surtout de le faire danser aux autres ! Moi, je suis allé dans le sud de l'Espagne et j'ai appris super vite !

-Ah bon ! tu pourrais nous faire une démonstration, monsieur le surdoué ?

-Bien sûr, c'est hyper facile, regardez ! Il faut que vous leviez les bras... comme ça... et que vous

MODULE 3

tapiez des pieds très fort… comme ça… et, surtout, que vous preniez un air tragique… Vous voyez… : comme ça !
-N'importe quoi !!!

Bienvenue à l'auberge de jeunesse. Page 30. Activité 1.

-Bonsoir, soyez les bienvenues !
-Merci !
-Nous avons deux réservations pour ce soir !
-D'accord… Vos cartes d'identité, s'il vous plaît… Ah, c'est vous les retardataires !?
-Oui, on a eu des petits problèmes !
-Et on est ex-té-nu-ées !!!
-Bon, alors… voilà la clé de votre chambre ! Il vaut mieux que vous l'ayez toujours sur vous parce que les portes se referment automatiquement.
-Merci ! Bonne nuit !
-Bonne nuit ! Au fait… si vous sortez ce soir, il est préférable que vous soyez ici avant une heure du matin, sinon ce sera fermé ! Je vous rappelle aussi qu'il est interdit de faire du bruit dans les couloirs ou dans la chambre après 23 heures.
-O.K. On sera déjà en train de dormir à cette heure-là !
-Bon, bonne nuit !
-Bonne nuit !
-On va prendre quelque chose à la cafèt' ?
-Ouais, c'est une bonne idée.
-Bonsoir !
-Bonsoir !
-Ouh, ouh… Je propose qu'on aille vite prendre une douche et après, qu'on fasse un petit tour à la cafèt' ! Qu'est-ce que tu en dis ?
-Hum, hum, ex-té-nu-ées, hein ?

MODULE 4

Je zappe, tu zappes, on zappe ! Page 38. Activité 2.

« C'est 20 kilos que vous perdrez en un mois avec… !!! »
-Quelle bêtise, je ne comprends pas qu'on puisse dire ça à la télé !
-Ouais ! C'est vraiment débile, ce truc…
« Fumer tue ! Fumer crée une forte dépendance. »
-Par contre, là… cette campagne anti-tabac, c'est impressionnant.

MODULE 4

-Fff… Ça ne sert à rien, ce genre de trucs… c'est toujours le même discours !
-Ah non, pas ça ! Change, s'il te plaît ! Je ne supporte pas toute cette violence !
-Moi au contraire, ça m'intéresse, ce film !
-Théo, ça suffit ! Fais-moi le plaisir de mettre La 2 !
-Attends, attends, attends une minute !
-Théo, passe-moi la télécommande, s'il te plaît !
« Bilan noir du week-end : dix morts et quatorze blessés sur l'Autoroute du Soleil… »
-Je ne crois pas que mon film soit plus violent que ton journal. Au contraire !
-Tu as raison, éteins ! Il n'y a vraiment rien à la télé !
-Si ! ce soir, il y a *Ça se discute.*
-Ah bon ? Enfin quelque chose qui nous intéresse tous les deux !

Loft Story (téléréalité). Page 39. Activité 4.

-Stéphanie… tu m'as piqué mon jean !?
-Ton jean ? Mais pas du tout… c'est le mien !
-Mais si… Je te dis que c'est mon jean !
-Mais enfin… Vanessa… pourquoi ce serait le tien ?
-Parce que le mien, il a la poche de derrière décousue… Tiens… tu vois pas, là… ?
-Et pourquoi tu laisses toujours traîner tes affaires ? T'es vraiment pénible… hein… Il était sur ma chaise ce pantalon, pas sur la tienne…
-Écoute… je fais ce que je veux avec mes affaires, O.K. ?
-Oh… tu m'énerves !
-Allons… allons, du calme… les filles… Réunion dans cinq minutes.
-Oh là là… Encore une réunion !
-Il faut bien qu'on trouve une solution aux problèmes de Vanessa et Stéphanie.

Quel temps fait-il ? Page 40. Activité 3.

Un ciel couvert et très nuageux a régné toute la matinée sur l'ensemble de la côte atlantique. Un petit bain était tout indiqué pour supporter la chaleur. Dans le Sud-Ouest, des orages ont éclaté en fin de matinée sur le massif des Pyrénées.
Dans le Midi, la Côte d'Azur et la Corse, la journée a été ensoleillée et chaude. Heureusement, il n'y a pas eu de mistral et tout le monde a pu rentrer chez soi avec son parasol !
Dans les zones montagneuses, près des Alpes, quelques orages ont éclaté, provoqués par la forte chaleur.

MODULE 4

Dans le Nord, à l'Est et dans la région parisienne, le temps a été variable avec des averses. Par contre, au centre, la pluie n'a pas cessé de tomber sur tout le Massif Central.

L'actualité magazine. Page 43. Activité 4.

C'était le 12 février. Tout à coup, notre île est entrée en alerte orange. Gerry, un cyclone tropical intense, filait tout droit sur nous. Les vents atteignaient 160 km / h avec des rafales à 180 km / h. On a fermé les écoles, les crèches... Toutes les heures, la radio diffusait un flash d'information, donnait des consignes de sécurité :
« Rentrez vos animaux et les objets que le vent peut emporter ; protégez les ouvertures avec des planches ».
Au supermarché, les caddies se sont vite remplis : bouteilles d'eau, bougies, allumettes, lampes à gaz, provision de piles pour les lampes de poche et le poste de radio, du riz, des pâtes, des conserves... Surtout ne pas oublier des serpillières, une trousse de secours... Dans les maisons, on a rempli des seaux d'eau, afin de se constituer une réserve pour se laver. Dans les quartiers défavorisés, les gens ont disposé d'énormes pierres sur le toit en tôle de leur case. Tout le monde avait peur que Gerry ait l'incroyable puissance de Dina, le cyclone qui avait ravagé notre île en janvier 2002. Mais le 13 février à 16 heures, la météo annonçait que l'alerte orange était levée. La joie a éclaté. Gerry passait à 280 km au nord-est de la Réunion. Ouf !

MODULE 5

Ma ville, ça me regarde ! Page 48. Activité 1.

-Tu aimes ta ville ?... Elle te plaît ?
-Ouh là !!! Quelle question ! Euh... Oui, j'aime bien...
-Tu l'aimes bien, pourquoi ?
-Parce qu'il y a une rue piétonne avec plein de magasins, il y a deux fleuves... c'est joli... En fait, c'est une ville comme les autres... mais... je l'aime bien, quoi... Tout me plaît... Mais en dehors du centre-ville, il n'y a pas assez d'ambiance, il n'y a pas grand chose, je trouve.
-Et à part ça, ça va ? Tout te plaît ?
-Euh... oui... Bon, ce qui ne me plaît pas trop, c'est... le climat..., il est trop variable... mais ça,

MODULE 5

on ne peut pas le changer.
-Qu'est-ce que tu aimerais améliorer ou changer ?
-Euh... Je ne sais pas trop... une bonne idée, ce serait... tous les transports gratuits. Comme ça, les gens ne prendraient pas autant la voiture. On pourrait aller partout tranquillement en vélo sans avoir peur des voitures. Euh...
-Qu'est-ce que tu ferais d'autre ?
-J'installerais des ordinateurs... beaucoup d'ordinateurs dans les bars, dans les parcs, dans la rue. Comme ça, il n'y aurait pas de livres à transporter... mais gratuits, hein... Je mettrais aussi de la musique partout dans la rue... comme pour la fête de la musique mais tous les jours, et... j'aiderais les SDF... voilà...
-C'est tout ?
-Bon euh... euh... Je construirais... j'aimerais qu'il y ait plus de centres pour les jeunes, partout, pas que dans les quartiers chauds... Il manque des centres pour les jeunes... Là, il pourrait y avoir des animations, de la musique, des ateliers de travaux manuels... mais bien sûr pas payants, juste pour payer le matériel, pas pour se remplir les poches.
-Ah bon ? On communiquera cela à monsieur le Maire...

Test : Que feriez-vous dans cette situation ? Page 50. Activité 1.

-Eh ! L'autre jour, sur Internet, j'ai trouvé un test de personnalité qui est super ! Écoutez ça ! Un cabinet qui recrutait du personnel a demandé à deux cents candidats de trouver une solution à ce problème : *Un soir, assez tard, en plein milieu d'une terrible tempête, vous rentrez chez vous au volant de votre voiture de sport. Vous passez devant un arrêt de bus et vous y voyez trois personnes qui vous font signe de vous arrêter.*
a) Une vieille dame malade qui doit se rendre à l'hôpital.
b) Un médecin, bon ami à vous, qui vous a sauvé la vie il y a quelques années.
c) L'être le plus charmant qu'on puisse imaginer, la personne de vos rêves.
Mais... le problème, c'est que votre voiture de sport n'a que deux places, donc vous pouvez seulement prendre un passager.
Que feriez-vous si vous étiez le conducteur ou la conductrice ?
C'est un test de personnalité pour obtenir un travail... Réfléchissez bien ! Alors, qu'est-ce que vous en dites ? Que feriez-vous si vous étiez le

conducteur ou la conductrice ? N'oubliez pas !
On ne peut prendre qu'une personne !
-Ben moi… Si j'étais le conducteur, je prendrais la dame âgée, je l'emmènerais à l'hôpital et je téléphonerais pour qu'on vienne secourir les deux autres.
-Ah moi, si j'étais le propriétaire d'une Ferrari deux places, je laisserais le médecin avec la dame et je prendrais avec moi la fille de mes rêves, et après je téléphonerais à une ambulance…
-Moi, si j'étais la conductrice, je demanderais au médecin de prendre la dame âgée sur ses genoux.
-Nooon ! On n'a pas le droit !!!
-Désolée… c'est nul, ça… nul… nul…

Et si on jouait au portrait chinois ? Page 51. Activité 3.

-Si c'était une couleur…
-Ce serait le bleu !
-Si c'était une ville…
-Ce serait New York.
-Si c'était un moyen de transport…
-Ce serait une moto, sûr !!!
-Si c'était un objet…
-Un micro !
-Si c'était un plat…
-Ce serait des pâtes.
-Si c'était un animal…
-Ce serait un aigle royal.
-Si c'était un adjectif…
-Ce serait… « noctambule » !
-Si c'était un vêtement…
-Un blouson en cuir !
-Si c'était un sport…
-Le tennis.
-Si c'était un bruit…
-Sans aucun doute, ce serait un rire !!!
-C'est Nicolas !!!

Métiers passion. Page 52. Activité 1.

Stéphanie, fleuriste
Ce matin, je me suis levée à 3 h 30 pour faire mes achats de fleurs en gros. De retour au magasin, j'ai tout préparé avant l'ouverture à 9 heures. Pendant la journée, j'ai eu beaucoup de choses à faire : composer des bouquets, servir, conseiller les clients, la comptabilité… Je suis restée à la boutique jusqu'à 20 h. Je travaille beaucoup, les horaires sont chargés, mais j'aime mon travail. Ce

qui est intéressant dans ce métier, c'est qu'on est à la fois commerçant et artiste. Je dois travailler le samedi et certains jours fériés mais, malgré ces horaires, je ne regrette pas d'avoir choisi cette profession. Je vois des fleurs, des compositions. Les clients sont en général sympas, agréables. Autour de moi, tout est beau…

Sylvain, sage-femme
J'ai su que je voulais exercer un métier médical depuis l'âge de 8 ans. J'ai donc passé un Bac S et j'ai commencé mes études de médecine. Après la deuxième année, j'ai eu de grosses difficultés et j'ai pensé laisser tomber la faculté. Euh… j'ai changé de filière et j'ai eu l'idée de m'inscrire à l'école des sages-femmes. On m'a dit que ce n'était pas évident pour un garçon mais j'ai tenu bon. J'ai obtenu mon diplôme il y a trois ans et depuis, je travaille à l'hôpital. Mon travail consiste à accompagner les femmes enceintes depuis le début de la grossesse jusqu'à l'accouchement. Une fois l'enfant né, j'effectue l'examen pédiatrique, puis la surveillance de la maman et du bébé pendant les deux heures qui suivent. Je fais un peu aussi le coach, le psychologue. J'adore ça. La naissance d'un bébé, c'est toujours un moment très fort et même magique.

Laëticia, la passion de l'information. Page 53. Activité 4.

Depuis que je suis petite, j'adore parler et communiquer avec les autres. Un jour, pour Noël, on m'a offert un petit magnétophone avec un micro. Pendant toutes les vacances, j'ai poursuivi tous les membres de la famille pour les interviewer et les enregistrer. Depuis ce Noël-là, on ne m'a offert que des livres !!!
J'ai passé mon Bac en 1999 et comme j'adorais les examens oraux, l'histoire, l'actualité et la politique, je me suis inscrite à la fac de journalisme, à Toulouse. Pendant que j'étais à la fac, j'ai fait toutes sortes de jobs pour financer mes études et en 4e année, je suis partie faire un Erasmus en Belgique, à Louvain. Ensuite, j'ai fait un DESS en euro-journalisme à Strasbourg et à Bruxelles. Quand j'ai fini mes études, il y a trois ans, j'ai fait plein de stages dans des agences de presse et des petits remplacements… j'ai aussi travaillé en *free-lance* pour plusieurs revues et… enfin, j'ai décroché le poste de ma vie à l'ONU !!!
Il y a deux semaines que je l'occupe !

N° édition : 10185370 - Dépôt légal : Mai 2012 - Imprimé en mai 2012 sur les presses de l'I.M.E.
25110 Baume-les-Dames - France